Lina Stöhr, Grad zum Possa!

Lina Stöhr

Grad zum Possa!

Schwäbische Gedichte

Verlag Karl Knödler
Reutlingen

Bei der vorliegenden Ausgabe
handelt es sich um eine Neuausgabe der früher
im Adolf Bonz Verlag erschienenen Titel
„Grad zum Possa!“ und „Zum Dachlada naus“

2. Auflage
© Copyright 1978 bei Verlag Karl Knödler, Reutlingen
Alle Rechte, einschließlich derjenigen des auszugsweisen Abdrucks
und der fotomechanischen Wiedergabe, vorbehalten.
Printed in Germany 1987
Herstellung: Druckerei Harwalik KG, Reutlingen
ISBN 3-87421-072-3

Troscht

Liabe Leut, i sott et lacha,
i hau wärle gar koin Grond,
denn a Pack hangt uf meim Buckel,
der me druckt zu jeder Stond.

I hau's schau probiert mit Heula,
hau mei Lascht no schwerer g'macht,
druf da Pack an's Hauseck g'loinet
und zum Possa wieder g'lacht.

Hau-n-e no a Weile gruebet,
trag e wieder leichter dra,
denk, d'r Herrgott läd koim Menscha
mai auf, als'r schloifa ka.

Trippsdrill am Weltverkehr

Gern fufz'g Johr tent schau mir Baura
uf a Eisebäh'le laura,
aber 's Teufels könnt m'r wera —
glaubet ihr, d'Regierungsherra
tätet a Bedürfnis fenda,
ons au mit d'r Welt z'verbenda?
Und d'r Staat ließt sich bewega
noch Trippsdrill rauf Schiena z'lega?
Äll Johr tent m'r d'Stiefel schmiera
und en d'Residenz marschiera,
hent beim Sekretär a'g'fanga,
send bis zum Minister ganga,
überall hent m'r's Maul aufgrissa —
überall hot m'r ons nausg'schmissa.
D'Galla überlauft ons schau —
müeßt mir ons des g'falla lau?

Noi, mir lent ons nex mai g'falla —
Bueba, heut müeßt d'Böller knalla!
Und sei Eisebah', sei alta,
ka' d'r Staat jetzt selber b'halta —
mueß m'r schau koin Bah'damm baua,
onsere Felder et versaua,
braucht et mit Beamte z'streita —
d'Baura könnet's vor et leida —
anstatt Ärger und Verdruß
hent mir jetzt en Omnibus.

6

's ischt a wonderschöner Waga,
und kommod, des mueß m'r saga;
älle alte Weiber g'fällt 'r,
und an jeder Mischte hält 'r;
's Schulza Katz em Schlummer stört 'r,
d'Gä's und d'Henna überfährt 'r;
schier en onserem Dreck versenkt 'r,
auße und au enna stenkt 'r;
über d'Güllabächla pfitzt 'r,
d'Mischtbrüah bis uf's Rothaus spritzt 'r;
saperlot, und pfuzga ka-n-r,
anderscht als ihr Eisebahner!
Ons're Gäul und ons're Küah
könnet sprenga wia no nia —
d'Leut und 's Viech hent en Genuß
von deam schöna Omnibus.

's Fahra ischt airscht a Vergnüega!
Gar et gnueg ka'scht do dra kriega.
Wia Baro' hockscht en deam Waga,
trotz deim schwarza Hemmedkraga.
Rauchscht dein alta Dubaksgloba,
wird de glei d'r Schaffner loba.
Kriegscht vor Angscht a bißle 's Gremma,
muescht iabott a Schnäpsle nemma;
neamer hairt's bei deam Galoppa,
wenn da hueschta tuescht und koppa.
Hoscht d'rhoim di überfressa,
noch era Viertelstond isch g'sessa

7

uf der „herrlicha Schossee"
hopfscht wia Gummiball en d'Höh;
doch am beschta kommscht en Schuß
henta dren em Omnibus.

So, ihr Eisebahnerherra
könnet ons jetzt g'stohla wera,
denn Trippsdrill ischt uich zum Possa
an da Weltverkehr a'gschlossa;
wöllet ihr's jetzt no riskiera,
mit ons Baura z'konkurriera?
Fortschritt hoißt bei ons d'Parole!
Hent mir Moschtkrüeg, rechte vole,
Kirschawasser und Benzin
pfeifet mir au auf Berlin.
Juhe! Lent da Waga surra,
über Löcher, über Burra!
Wer et mit will, der bleib duß —
hurra! Hoch d'r Omnibus.

Altmodische und nuimodische Dienschtbota

Alte: I dien schau fenfazwanzig Johr
bei'r Frau Regierungsräte,
de'scht no a Frau vom alta Schlag
und äschtemiert ihr Käte.
Mir hanget boid mit Leib und Seel
no an de alte Zeita
und könnet des nuimodisch Zuig,
des überschpannt et leida.

Junge: O heidanai, was sieh-n e denn!
Bischt au do, alta Kätter?
Au, und a G'sicht machscht wieder na,
wia neu' Tag Reagawetter.
Ach Gott, ihr alte Mädla hent
vom Leba halt koin Schemmer,
ihr weret em Museum no
ausg'stellt als Altertemmer.

Alte: Was wit du mit deim Läschtermaul?
Ons Alte wit verspotta?
's Maulwerk lauft besser als wia's G'schäft
bei uich, ihr freche Krotta.
Mit uich ischt jeda Frau a'g'schmiert,
ihr möget doch nex schaffa,
a Frau b'hält koine vierzeah Tag
en sotta Modeaffa.

9

Junge: Oh, vierzeah Tag ischt haufagnueg,
do kennt m'r schau anander,
und nuie Besa kehret guet,
des ischt viel intressanter.
Narr, bei ma Wechsel ka'scht am End
doch ebbes bessers fenda –
was soll m'r om des bißle Loh'
sich rackera und schenda.

Alte: Worom tent ihr uir'n ganza Loh'
bloß an da Staat na henka?
I tät koin sotta Fahna a,
m'r dürft m'r grad oin schenka.
Röck hent ihr bloß no bis an d'Knui
und Strempf von Flor und Seide,
d'rfür koi Hemmed uf em Leib
und au koi Hos', koi g'scheite.

Junge: Gelt, weil mir schick send und modern,
do glotzet ihr verwondert,
ihr laufet jo en Kittel rom
vom vorige Johrhondert.
Am Sonntig gehnt ihr en Verei'
als brave Muschtermädla,
und für uir Bildeng leset'r
gottselige Traktätla.

10

Alte:	Und ihr, ihr schwanzet en's Kaffee,
	en's Kino und zum Tanza,
	verdrehet dene Mannsleut d'Köpf
	mit uire Firlefanza.
	Em Nachts, do goht m'r statt en's Nescht
	no mit em Schatz spaziera,
	und denkt em Leichtsenn gar et dra,
	was älles könnt passiera.

Junge:	O ihr en uirem Jongferabend,
	was wisset ihr vom Liaba —
	mir wöllet halt amol en Ma
	und tent bei Zeit ons üeba.
	Und wem's et paßt, der sag's no glei,
	d'r Weg ischt frei, und d'Welt ischt weit,
	no schnürt m'r halt sei' Bändel.

Alte:	Ade Partie! I wensch d'r Glück,
	und komm et ontern Schlitta!
	Du wirscht schau seah, wia weit du kommscht
	mit deine schlechte Sitta!
	Müeßt i bei sotte Weibsleut sei',
	narr, Gichter, kriega tät e,
	do gang e liaber wieder hoim
	zu d'r Regierungsräte.

D'r Holzapfel

D'r Lehrer frogt vom Sündafall:
„Sag Gretle, wia isch ganga?"
„D'Eva kommt an Holzäpfelboom
und tuet oin ronterlanga."

„So, a Holzapfel ischt des gwea?
Wia wit denn du des wissa?"
„Ha, d'Eva ischt halt schleckig gwea
und hot en bloß a'bissa.

No hot se-n glei em Adam gea —
der Sempel hot en g'fressa —
wär des a Luika-n-Apfel gwea,
no hätt se-n selber g'essa."

Karle als Motorradfahrer

(Singsang noch d'r Melodie: „Am Sonntag, i woiß no wia heit")

I mueß a Motorrädle hau,
des wird wohl a jeder verschtau,
drom hau-n-i a nagelnui's kauft,
a Rädle, des saumäßig lauft.

I fahr ganz gemüetlich druf los,
achtz'g Kilometer send's bloß –
kotz Kuckuck, 's dauert et lang,
bis i an d'r Stroßabah' hang.

Om's Eck nom isch zemlich riskiert –
mei Rad ischt uf's Trottoar spaziert,
dia Leut schlaget läschterlich Krach,
und i krieg a Ladeng uf 's Dach.

Grad nom von d'r Hofapothek
do saust uf mi zua a Kolleg',
z'mol hangt an mei'm Rädle sei Schuah,
vom Fueß no a Fetza d'rzua.

Amol haut me 's nauf uf a Haus,
mei Knui sieht wia Schlachtbrota aus,
und 's Nasaboi hau-n-e verstaucht –
des hot me sechs Wocha lang g'schlaucht.

I fahr liaber naus aus d'r Stadt,
dia Schutzleut hent mi uf d'r Latt —
acht Strofzettel hau-n-e em Sack,
dia Denger send et noch mei'm G'schmack.

I gondle uf's Land ganz famos —
von henta und vorna spritzt d'Soß —
überfahr en'ra oiziga Stond
drei Katza, vier Gä's und en Hond.

Em Weg stoht a stoialter Ma',
deam fahr e an d'Sche'boiner na —
der wird wohl a A'denka hau —
am Rädle und mir hot's nex dau.

A Radfahrer träpplet voraus,
der weicht om's Verrecka et aus,
der will mit G'walt a'g'fahra sei —
i box en en Stoihaufa nei.

A Bauer, der läd grad sein Mischt,
do hau-n-e a Gosch vol vertwischt —
da Hals hau-n-e hentadrei' g'streckt,
denn 's hot et noch Kalbsbrota g'schmeckt.

Zwoi Weiber, dia tent grad en Schwätz,
wia d'Goisböckla machet se Sätz,
se sprenget direkt en mei Rad —
zu dritt lieget mir em Salat.

14

Des Küahfuhrwerk hau-n-e et g'seah,
weil's grad a'ma Omrang ischt g'wea —
uf oimol lieg i uf d'r Kuah,
mit em Peitschastiel haut oiner zua.

Gerscht raset zwoi Auto d'rher,
hau's glei denkt, des geit a Malär,
dia Rammel, dia fahret om d'Wett,
mi O'glückswurm seh'net se et.

A donnderschlächtiger Krach —
i fliag betäubt en a Lach,
wach airscht wieder auf e ma Saal —
se saget, des sei a Spital.

Mei Äpfel steckt ganz e'ma Schlips,
und d'Glieder en Pflaschter und Gips —
so lieg e jetzt hilflos em Nescht,
vom Karle a kläglicher Rescht.

's ischt guet, daß e's Rädle et sieh,
se saget, 's seah grad aus wia-n-i —
mir weret äll zwoi ausranschiert,
weil's Flicka sich nemma rentiert.

Em Schimmelbauer sei schlechter Johrgang

I. Früehleng

Ra mueß jetzt d'r Wenterkittel,
d'Pelzkapp fliegt en Wenkel nei –
d'Spatza schreiet, d'Fenka schlaget –
's mueß am End doch Früehleng sei.

Heut ischt au d'r Storch a'komma,
fliegt om's Haus verdächtig rom –
du, i ka de fei et braucha,
flieg no zu mei'm Nochber nom.

D'Mannsleut säet, d'Weiber gärtlet –
jabott fällt a Schneele drauf –
ra müeßt dia Aprilabutza,
und d'r Soma goht doch auf.

Jetz isch Moi und d'Obschtbäum blühet –
ischt des et a wahra Pracht?
Uf dei Freud und uf dei Blüha
fällt a Reifa en d'r Nacht.

So, der Moscht, der ischt schau tronka,
's ischt doch wieder älles he –
ischt's Johr rom, hoscht nex em Keller
und au nex em Portmannee.

II. Vorsommer

Saperlot, ischt des a Dürre
und a Hitz von früah bis spät,
's ischt schier nemme zum preschtiera,
wenn's no oimol regna tät!

D'Sonn, dui brennt de uf dein Möckel,
moischt, da kriegescht gau en Schlag —
daß dei Leber et verdorret,
dudlescht Moscht da ganza Tag.

Uf de Felder hot d'r Erdsbod'
Riß, des ischt a wahrer Graus;
älle Bächla send vertricknet,
älle Wiesa brennet aus.

D'Frucht kriegt et de richtig Schwere,
d'Äpfel fallet o'reif ra,
d'Rüaba wöllet nemme wachsa,
und d'Grombiera sterbet a.

Aber d'Mucka, dia send grota,
's O'geziefer frißt oin schier —
d'Baura send en so ma Johrgang
zum Bedaura, glaubets mir.

III. Nochsommer

Äll Tag kommet sieba G'witter,
bockla tuets bei Tag und Nacht —
wissa möcht e doch beim Donnder,
wer des saudomm Wetter macht.

Vorher ischt m'r schier verlechnet —
sieba Wocha Sonnaschei' —
jetzt, daß d'Ernt ischt, sauet's äll Tag
siebamol en d'Garba nei.

Und no schreit no so a Sempel:
„So isch reacht, no tüchtig ra!"
Tät no deam a Donderwetter
uf sei domma Gosch nauf schla'!

I stand tropfnaß uf mei'm Acker,
glotz dia schwarze Wolka-n-a —
's ischt bloß guet, daß au mei Nochber
nex am Wetter macha ka.

IV. Herbscht

So, jetzt wär doch endlich droscha —
des ischt fei a-n Arbet gwea!
D'Frucht lauft naus zum Behnelada,
so viel hot's no gar nia gea.

18

D'Trucha, dia send vol mit Woiza,
älle Säck mit Haber g'füllt,
aber ka m'r sich denn freua,
mo dui Frucht doch gar nex gilt?

Dia Grombiera send vergrota,
des ischt doch a Lomperei,
lauter Bolla send's wia d'Kendsköpf,
koine kleine geit's für d'Säu.

's Rendviech ischt schau wieder g'schtiega,
aber d'Milch verschenkt m'r schier —
so weit mueß no komma, daß se
grad so teuer wird wia's Bier.

's Obscht, des tua e älles moschta,
bei deam Preis wird nex verkauft,
liaber sauf e me zum Krüppel,
wenn d'r Keller überlauft.

's ganz Johr schafft m'r wia a Dackel
und wird doch et äschtemiert,
und von o'srem Schwoiß hot schließlich
bloß 's Finanzamt profitiert.

Jo, d'r Bauer ischt seiner Lebtag
für de andre bloß d'r Narr —
wenn e wieder amol uf d'Welt komm,
werd e o'bedengt a Pfarr.

V. Wenter

Buaba, naus zum Mischtauflada!
Wenn's ech au en d'Fenger friert —
narr, i hau en uirem Alter
no nex von d'r Kälte g'spürt.

Wenn'r fertig send, wird g'veschperet —
Weib, du brengscht a Rauchfloisch rei,
holscht en Krueg voll Moscht vom Keller,
legscht au no a Scheitle nei.

Breng m'r au da Stiefelzieher,
d'Däpper stell an Ofa na,
noch em Veschper lies e's Blättle,
zend mein Dubakskloba a.

No tausch i mit koim Minischter —
mir schwätzt neamer ebbes drei' —
gelt, ihr Herra möchtet älle
gern em Wenter Baura sei'.

Uf d'r Neababah'!

I. Überfüllt

„Sia, Herr Fürschtand, Donnerwetter,
ischt des et a Schlamperei?
In deam ganza Bommelzügle
ischt koi oizigs Plätzle frei.

Waga, Trittbrett, Stiaga, Puffer,
überall isch g'wuslet voll —
saget Sia mir no gefälligscht,
mo i mi platziera soll.

Des send Zuaschtänd, heiligs, siedigs,
uf der Heckabeerlesbah'!
Hent 'r bloß so wenig Wäga,
henket Kenderwäga-n-a!"

„Send Se no et gar so hitzig,
Herr, miar könnet nex d'rfür —
des send gar et z'wenig Wäga,
des send bloß z'viel Passaschier."

II. A kleina Verspäteng

„Henta fertig!" schreit d'r Schaffner —
's Zügle hot en Schnaufer dau,
hot no gottsallmächtig pfiffa —
so, jetzt ka m'r's laufa lau.

„Oha!" brüllt von weitem oiner,
und a Karra rasslet rei,
„mir müeßt no a Sau verlada,
dui mueß heut no z'Stuegert sei.

Vorwärts! et lang gota Morga,
machet doch da Waga auf!
So, jetzt nemm i d'Sau am Kraga,
und ihr lupfets henta nauf."

Doch dem Viech isch gar et wichtig,
's Fahra uf d'r Neababah',
und se macht en Satz vom Waga,
sprengt d'rvo', so schnell se ka.

Guck, des Lompatier, des narret,
lauft en Flecka wieder nei,
und sechs starke Männer rennet
wia sechs Teufel henta drei'.

's ischt a Viertelstond verganga,
bis se's wieder g'fanga hent,
jerum, wia-a dia Manna schwitzet –
so a Sau hot Temperament.

's Zügle wartet ganz geduldig,
maula tent bloß d'Passaschier –
dia, mo d'Sachlag glei erfasset,
holet sich en Hafa Bier.

D'Sau mueß schließlich doch en Waga,
Prügel hot se gnueg vertwischt,
und m'r sieht dia blaue Mäler
z'Stuegert, wenn se g'metzget ischt.

„Henta fertig!" brüllt d'r Schaffner —
's Zügle hot en Pfuzger dau —
mit'ra halba Stond Verspäteng
ka m'r 's endlich laufa lau.

III. A Verkehrshendernis

Holla, mittla uf d'r Strecke
bleibt uf oimol 's Zügle schtau,
hot no gottsallmächtig pfiffa
und en arger Rompler dau.

Etlich Dickköpf bocklet zema —
Herr, des ischt a Schrecka g'wea!
Gucket, wia d'r Hoizer fuchtlet,
do ischt gwiß a O'glück g'scheah!

d'Mannsleut weret blaß und blässer,
d'Kender brüllet mordio,
Weiber fallet drei en Oh'macht,
und a Dachshond rennt d'rvo'.

Neamer will em Zug mai bleiba,
älles druckt em Ausgang zua,
z'mol schreit oiner ganz d'rvorna:
„Uf em Bah'damm stoht a Kuah!"

's geit no mancherloi Debatta,
bis a jeder Fahrgascht woiß:
's Zügle ka et weiterfahra,
's stoht a Rendviech uf em Glois.

IV. Abschied

D'Frau und d'Kender send em Jammer,
weil d'r Vatter roisa mueß,
älle wenket em am Bah'hof
fufzeahmol da letschta Grueß.

's Leaba hot er wohl versichert,
denn m'r tuet halt, was m'r ka –
O'glück über O'glück liest m'r
äll Tag von d'r Eisebah'.

Und 's klei Luisle heult: „O Papa,
daß grad du verroisa muescht!
Gelt, tua jo fei recht aufpassa,
daß du et entgloisa tuascht!"

Stuegerter Schnadahüpfl

En Stuegert isch luschtig, en Stuegert isch schö',
do sieht m'r bald äll ander Haus a Kaffee.

Em Bopsera'lägle do sprudlet a Quell –
ka'scht wochalang dudla, bleibscht ällaweil hell.

Und rengsrom send Bänkla, do merkscht bei d'r Nacht,
daß Pärla druf sitzet, und daß ebbes kracht.

Stoht oiner am Kreuzweg, wenkt hot und wenkt hischt,
no merk d'r, daß des a Verkehrsschutzmann ischt.

Jetzt derf uf de Stroßa koi Dreckle mai sei,
so'scht legt d'Polizeimacht energisch sich drei'.

Dia Auto, dia raset wia narret durch d'Stadt –
wirscht heut überfahra, kommt's morga em Blatt.

Des Renna und Jaga, des hot au en Schlag –
a halbs Dutzed Z'ammastöß geit's älle Tag.

Tua Stroßabah' fahra und spar deine Schuah,
doch wenn d' recht pressant hoscht, no lauf, liaber Bua.

Fällt oiner vom Tagblatturm ganz oba ra –
do kascht garantiera, der bricht ebbes a.

Om's Königsbauviertel spazieret bei Nacht
gar freundliche Wesa — Bua, nemm de en acht!

Isch em Planetarium au no so fei —
zum Greiner, do ganget doch weiter Leut nei.

En Berg isch so schö' em Familiabad —
daß koi's uf em Marktplatz stoht, des ischt fei schad.

Worom äll dia Neschter sich ei'gmeinda lent?
Ha Narr, weil se Schulda wia d'Säutreiber hent.

Se g'hairet zur Großstadt, drom send se so stolz,
se ganget en Stadtwald und stehlet ihr Holz.

Des Stuegerter Spülwasser lauft durch a Loch,
„verklärt" kommts en Necker, aber stenka tuets doch.

Viel Herra studieret bei Tag und bei Nacht,
wia gau onser Nesabach schiffbar wird gmacht.

Bald wird m'r om Stuegert koin Wengert mai seah,
und 's hot so viel Affa vom Trollinger gea.

Hoscht 's Geldle verjublet, und älles ischt he,
no spältscht amol Holz em Tunzhofer Palä'*.

Bischt müed ond wit schlofa, no kriegscht uf d'r Prag**
en Platz, do ka'scht grueba bis zum jüngschta Tag.

* *Bürgerspital*
** *Friedhof*   26

A feuchtfröhlicher Omzug

„Wilhelm raus, 's hot sechse g'schlaga,
glei kommt gau d'r Möbelwaga;
hairsch, se hupet schau do honta,
wart, jetz wird d'r füre zonda —
stohscht et auf, wirscht ohne Gnada
glei mitsamt deim Nescht verlada —
's Kopfwaih hoscht? Des g'schieht d'r recht,
hättscht heut nacht et so lang zecht."

„Weib, dei Predigt ka'scht d'r schenka,
breng m'r lieber ebbes z'trenka,
au en Hering mueß e hau,
vorher ka-n-e et aufschtau.
En d'r Speis, des ischt mei Troscht,
stoht a graußer Krueg voll Moscht."

Dussa bocklet schau dia Manna
mit de Kübel, mit de Kanna —
guck, dia Leut vom Möbelwaga
hent da Moschtkrueg schau am Kraga,
gelt, jetz wird d'r ebbes g'rieba,
's ischt koi Tröpfle übrig blieba. —
An d'r Arbet merkt m'r wohl
d'Wirkong von dem Alkohol.

Ei, dia gottverdammte Stiega,
schiergar lernt m'r do no's Fliega,

und des Büffee hot a G'wicht —
Heidasack, wenn no nex bricht!
Bloß d'r Aufsatz goht en Tremmer —
's hot jetz en moderna Schemmer,
und zwoi Füeß send au aweg
und a ganz o'naitig's Eck.
Der blödsennig Bücherkaschta
tuet saumäßig oin belaschta —
d'Glasscheib, dui hot zemlich glitta,
und d'r Karl hot sich dra g'schnitta —
wia-n'r schlenkret en d'r Wuet
wird d'r Sofa vola Bluet.
Guck, d'r Christian en sei'm Balla
läßt da Schiller d'Stieg na falla.
Und d'r Gottlieb en sei'm Glanz
tritt em Peter uf da Schwanz.
Mit zwoi Stühl bleibt oiner hanga —
do send bloß drei Füeß rausganga.
Aus em nuia Grammopho'
kommt a mißvergnügter To'.
Mit em Nachttisch stolpert oiner,
's lauft em ebbes über d'Boiner,
's ischt koi Moscht und au koi Wei —
's wird am End vom Wilhelm sei'.
D'Kloider packt m'r äll en d'Käschta,
d'Kittel, d'Hosa samt de Weschta,
au em Wilhelm seine Schuah —
boms! Schau ischt d'r Kaschta zua.

Wilhelm, denk ans Aufschtau endlich!
Ach, wia isch deam Ma' so schwendlich —
der Spektakel en deam Haus!
Guck, jetzt henkt'r d'Füeß schau raus!
„Weib, mo send denn meine Sock,
d'Hosa, d'Stiefel, Wescht und Rock?"
„Des muescht du doch selber wissa,
mo's em Affa hoscht nag'schmissa —
soll i dir da Dackel macha
und da Omzug überwacha?
Dia versoffene Kerle hent
d'Hälfte he g'macht en de Bränd."
„Schaff du no mit deane G'sella,
i hau doch et ausziah wölla —
ka-n-e jetzt mei Häs bald hau?
Ka-n-e zum Früahschoppa gau."

Spurlos ischt des Zuig verschwonda,
no oi Stückle hot m'r g'fonda —
traurig an d'r Bettlad bloß
hangt sei trüeba Onterhos'.
„Hol d'r Teufel uich, ihr Kloba!
Mo hent ihr mei Häs nag'schoba?"
Älle lachet schadafroh,
und d'r Waga rollt d'rvo'.

Ach, der Wilhelm mit sei'm Jammer
loinet en der leera Kammer,

barfueß auf dem kalta Boda —
fluecha tuet 'r jo noch Nota.
Noch ema Stündle spürt'r wohl
nemme viel vom Alkohol.
Jetzt kommt d'Frau mit seine Sacha,
der fährt uf se nei wia Dracha —
hätt d'r Teufel uich am Kraga,
di' mit samt deim Möbelwaga!
Ka'scht dei Glomp alloi aufhenka,
i mueß jetzt mein Zorn naschwenka,
mi siehscht et vor morga früah —
i hau wölla et ausziah!

's g'stohle Guet

D'r Auguscht und d'r Theobald,
des send zwoi arge Schlengel halt,
und mo's a Lomperei hot gea,
send g'wiß dia zwoi beteiligt g'wea.
Flenk über Hecka, über Zäu'
goht's en de fremde Gärta nei —
d'Heubira schmecket gar so guet,
am beschta, wenn m'r's steahla tuet —
und d'Nochbere brommt: „Fresset no,
ihr krieget's Bauchwaih schau d'rvo."
Doch a-ma Obed, saperment,
was en d'r Heck d'r Auguscht fend —
a Nescht vol Oier, des ischt fei,
jetzt lent se d'Bira Bira sei;
dia Oier gebet airscht en Schmaus,
se supfet ois om's ander aus.
Äll Obed holet jetzt dia zwoi
en's Nochbr's Hennanescht ihr Oi —
dia frische Oila schmecket halt
em Auguscht und em Theobald.

Em Wenter hent dia Bösewicht
Kommunikanta-Onterricht,
dui Sach, dui ischt fei gar et leicht,
und 's ällerärgscht ischt doch no d'Beicht;
a Send isch, wenn m'r steahla tuet,
und hoimgea mueß m'r 's g'stohle Guet;

jetzt hot dia Bueba 's G'wissa druckt,
und 's g'stohle Guet, mo se verschluckt,
ihr Herz ischt schwer, ihr Beutel leer –
mo brengt m'r soviel Oier her?
Verzweifelt heult d'r Theobald:
„Du Auguscht, i verschuiß me halt."
D'r Auguscht sait: „No kommscht en d'Höll,
d'r Teufel holt de uf d'r Stell."
„Ach Gott, ach Gott, was fang e a,
i leg me onter d'Eisebah'."
„Du Sempel, des ischt au a Send –
wenn m'r koi andra Wahl mai hent,
no ganget m'r zur Nochbere nom
und beichtet'r da ganza Krom."

Am letschta Obed traget boid
zur Nochbere ihr Angscht und Loid,
dui sait: „So, so, des hent ihr g'schafft?
I hau a saubera Nochberschaft.
Was fang e mit uich Kerle a,
wenn koiner ebbes blecha ka?
I moi, dui Sach, dui macht m'r so,
i schenk 's uich zur Kommunio'.
Uir Strof für's Steahla hent'r schau,
ihr weret's 's nächschtemol bleiba lau.
I wensch uich für da Sonntig Glück –
und besseret uich, ihr Galgastrick!"

D'r Schueschter hot a Büeble g'fonda

D'r Schueschter ischt a Kenderfreund,
des hot d'r Storch vernomma,
drom ischt der Kerle vierzeahmol
mit kleine Kendla komma.

Se laufet älle uf d'r Woid,
denn 's Fueter will et langa;
am Obed zählt's d'r Schueschter a' —
's ischt kois verlaura ganga.

Am Samsteg goht mit nuie Schuah
d'r Schueschter zu ma Konda,
do hot 'r dussa vor em Ort
a dreckigs Büeble g'fonda.

Er nemmt's mit hoim, sait zu seim Weib:
„Des Büeble tent m'r b'halta,
d'r Herrgott wird bei vierzeah au
a fufzeahts no verhalta."

's Weib wäscht vom Kopf bis zu de Füeß
dean dreckiga Zigeuner,
no guckt se'n a und lacht: „Herrje,
des ischt jo onser Heiner!"

Aus d'r Schuel
(M'r mueß sich bloß z'helfet wissa)

„Büebla, was ischt 4 und 3?"
„Sieba" schreit d'r Fritzle glei.
„Ei, wia goht denn des so schnell?
Du bischt so'scht doch et so hell.
Ah, i sieh's, du Lompabua,
deine Fenger nemmscht d'rzua!
Uf da Buckel mit de Händ!
Schlengel, so, jetzt saischt m'r g'schwend,
wieviel ischt no 4 und 6?
Desmol woischt jo sicher nex."
's Büeble guckt so für sich na,
„Zeah', Herr Lehrer!" „Ei, ei, ei,
wia hosch g'rechnet? sag m'r's glei!"
Weil des Büeble barfuß ischt
hot's au glei a nuia Lischt —
send au d'Fenger aus em Spiel —
Zaiha hot m'r grad soviel.

Was ema schwäbische Handwerksburscht
em Badischa passiert ischt

Zur Winterszeit walzt durch a badischa Stadt
a schwäbischer Handwerksburscht, hongrig und matt,
uf oimol fährt au no a Hond uf en los,
und reißt em en Schlitz en sei oiziga Hos' —
dui badischa Hondsnas' hot's richtig erkannt:
des G'schmäckle stammt et aus em Muschterland.
„Wart Lompatier, du packscht me nemme a,
dir kei-e en Stoi an dein Ranza na!"
Er buckt sich, doch brengt'r dean Stoi et vom Fleck,
der ischt halt nag'fraura, drom brengt'r'n et weg —
„Verrecket Badenser! Jetzt do gucket na —
d'Hond lent se laufa, und d'Stoi bendet se a!"

Falsche Sparsamkeit

D'r Walter rennt zur Mueter hoim –
er hot's gar wichtig g'het –
„Dia Bueba en d'r Schuel hent g'sait,
d'r Storch breng d'Kendla net.

Wenn mi' d'r Storch et bronga hot,
moher hoscht mi no kriegt?"
Dui Mueter denkt: Was sag i g'schwend?
A Send isch, wenn m'r lüegt.

Se sait en der Verlegaheit:
„Di hau-n-i kauft beim Tietz."
Des Büeble guckt en Spiegel nei
und sait betrübt: „M'r sieht's.

Hätt'scht a paar Pfennig mai ausgea
für mi vor sieba Johr,
no hätt'scht en schönera Bueba kriegt,
und koin mit raute Hoor."

Übertrumpft

Zwoi Büebla standet an Friseurlada na
und gucket dia Köpf, dia frisierte a,
zmol zoigt d'r Fritzle uf so en Schopf –
„Grad so hot mei Mama en Bubikopf,
mei Schwester hot oin und mei Tanta au
und mei Graußmueter, i woiß ganz gnau."
„Descht gar nex", sait druf d'r klei Gerhard,
„mei Graußmueter, dui hot en Schnurrbart."

D'r Rangiermoischter en d'r Kirch

D'r Veit rangiert bei'r Eisebah',
wia koiner so'scht rangiera ka,
er ischt a Moischter en sei'm Fach,
des ischt bekannt, drom klappt sei Sach;
und essa ka' der Ma' für vier
und schlofa wia a Murmeltier.

D'r Veit ischt au a frommer Chrischt,
er goht en d'Kirch, weil's naitig ischt.
Und weil halt do der guete Ma'
a Stündle ruhig schlofa ka.

D'r Pfarrer schwätzt vom Himmelreich –
d'r Veit, der schloft, des ischt em gleich,
grad träumt's em von d'r Eisebah',
er hängt en Güeterwaga-n-a,
der Pfarrer schreit von d'r Kanzel ra:
„Ihr Sünder seid der Hölle nah',
vom Himmelreich wie weit, wie weit!"
„Drei Wagalänga!" schreit d'r Veit.

Wer andern eine Grube gräbt ...

D'r Hannes goht vom Wirtshaus hoim,
er hot koin schlechta Balla,
drom ischt 'r en der Donkelheit
schier über a Deichsel g'falla.

Dui Deichsel geit et noch, drom kriegt
des Baurahirn en Bolla –
„Dia Rüebadippel!" schempft d'r Hans.
„Dia soll d'r Teufel hola!"

Er torklet hoim und holt a Säg –
weg hot dui Deichsel müeßa –
mir könnt' ja an deam Hendernis
no ällerhand ei'büeßa.

„Ihr moinet wohl, er sei so domm,
der Hannes – no et moina –
wer d'Deichsel so en Weg neistellt,
des Rendviech braucht au koina."

Befriedigt leit er jetzt en's Nescht
und sägt em Schlof no weiter,
er schuftet grad wia em Akkord,
sägt Hurgel ra und Scheiter.

Am Morga schreit sei Margret grob:
„No raus zum Fueter hola!
Was ischt denn dir heut nacht passiert?
Dei Grend isch ja verschwolla."

Des Aufschtau' fällt em Hannes schwer,
no schwerer fällt em's Schaffa,
a jedes Härle tuet em waih
von dem verdammta Affa.

Klaih hola mueß'r, saperlot,
no g'schwend da Waga richta —
Herrgott, do ischt ja d'Deichsel a,
was send denn des für G'schichta?

„Sägt so a Fetz mir d'Deichsel a
und läßt m'r bloß en Stompa —
raus mueß, wer's tau hot, Hemmelsack —
i mach en he, dean Lompa."

„Du", sait sei Weib, „halt no dei Gosch
und tua di et blamiera —
hoscht et von dera Deichsel do
dui Dalla an deim Hira?

Do leit dei Säg, dui hoscht doch braucht
zu deine Heldatata?
Schwätz no koi Wörtle, so's̩cht kriegscht bloß
au no da Spott zum Schada."

A Grondehrlicher

A-n alter Spitzbua stoht vor em G'richt,
stoht do mit ema ganz o'schuldiga G'sicht –
a nuia Hos' soll'r g'stohla hau,
des hot der Ma' ganz sicher et dau.
M'r hot em au en Verteidiger g'stellt –
was der für a Red, für a schwongvolla hält!
Er hot sei O'schuld glänzend bewiesa,
drom hot en d'r Richter freisprecha müeßa.
„So", sait d'r Herr Doktor, „jetzt derfet Se naus,
als freier Mann verlasset Se 's Haus."
„I dank schö', doch lent Se no d'Zeuga vor gauh',
sonscht seht se, daß e dui Hos' a hau."

41

Au a Schö'heitskonkurrenz

D'r Doktor kommt zu ra kranka Frau,
er ontersuecht se gründlich und g'nau —
mitleidig stoht'r vor ihrem Bett,
sait: „Liebe Frau, Sia g'fallet m'r net."
Do überlauft deam Weible d'Galla —
„I mueß doch Ehne au gar et g'falla,
glotzet Se no en da Spiegel nei,
Sia weret d'r Schö'scht fei au et sei!"

Schundliteratur

D'r Pfarrer tuet von d'r Kanzel ra
ganz donderschlächtig schempfa,
m'r müeß amol d'Schundliteratur
energischer bekämpfa.

„Do liest m'r bloß von Mord und Brand
und andre Lompereia –
wer so en Lohkäs drucka läßt,
dem ischt et zum verzeiha.

Em Roßstall liest's d'r Bauraknecht
und d'Magd en ihrer Kammer,
au d'Kender fresset schau den Mischt –
des ischt a wahrer Jammer.

Kommt wieder amol a Kolporteur
mit sotte Lugag'schichte,
no schmeißet jo den Kerle naus,
's alt Zuig tent mir vernichta.

Und wer d'rhoim so Heftla hot,
der soll se et lang b'senna,
und brengt den Lompagruscht zu mir,
i will en schau verbrenna."

A Bauer brengt da andra Tag
a Päckle zum Vernichta,
d'r Pfarrer guckt dren nei und lacht:
„Ja, des send schöne G'schichta!

Was do drenn stoht, mei liaber Ma,
des send gar hoikle Sacha —
narr, mit de Stuierbüchla derf
d'r Pfarr koi Fuierle macha."

„Dia Denger g'hairet grad verbrennt,"
tuet druf der Bauer bromma,
„an dene hau-n-i jederzeit
am meischta A'stoß g'nomma."

44

O'verbesserlich

D'r Hansjörg ischt a-n arger Fetz,
und wenn 'r sauft, isch bodaletz,
no haut 'r 's Weib und d'Kender rom;
des Weible lauft zum Pfarrer drom —
„Mei Lomp versauft voll Hab und Guet,
Herr Pfarrer, send Se doch so guet,
und schwätzet Sia a bißle drei'
und zendet em en's G'wissa nei;
so ka's amol et weiter gau,
der soll sei Saufa bleiba lau."

D'r Pfarrer hot en grad vertwischt,
wia-n 'r vom Wirtshaus komma ischt —
„Du Hansjörg", sait 'r, „descht a Schand!
Versaufst ja vollends dein Verstand.
Guck no amol dein Ochsa-n a,
der sauft, was er vertraga ka,
und wenn'r gnueg hot, hairt 'r auf."
D'r Hansjörg sait verächtlich drauf:
„Herr Pfarrer, wenn i Wasser sauf,
no hair i au von selber auf."

D'r Teufel auf em Stuegerter Maskaball

Stoht d' Narrafreiheit em Kalender,
no spennt so ziemlich jederma' –
zmol fangt en dem verruckta Wenter
au no d'r Teufel z'rapplet a.

Er pappt a Briefmark uf da Nabel,
schürt schnell sei Krematorium,
no tanzt 'r mit d'r Ofagabel
wia narret om sei Ahna rom.

Er hot dui Alt en Arm nei g'nomma
und schier vor Narrheit zemadruckt;
dui schreit: „Was ischt denn di' a'komma?
Du Sempel, bischt denn ganz verruckt?"

„Oh Ahna, hairscht doch au beim Donder
em Radio den alta Mischt,
di interessiert doch äll der Plonder,
und des merkscht et, daß d'Fasnet ischt?"

„Lang schnell em Wilson sein Zilender,
und für mein Schwanz a Fueteral –
m'r braucht jetzt nemma so viel G'wänder
bei dem moderna Karneval.

46

De Weibsleut mueß m'r ebbes schenka,
drom leih m'r gschwend dei Portmannee —
des Pack do hoba soll et denka,
daß i a-n armer Teufel be."

Bald stoht'r vor em Kunstgebäude
und schwänzlet en da Kuppelsaal —
des hoscht verrota, Teufel, freu de,
kommscht zu ma nobla Maskaball.

Baff ischt'r en dem Saal dren g'standa,
dia Weibsleut machet en schalu —
„Gelt Alter, do ka'scht nemme landa,
dia hent no weniger a' als du."

Doch glei kommt so a Rudel Schlanga
und packt en frech an Kopf und Schwanz —
„Hurra! Mir hent da Teufel g'fanga,
Musik, spiel auf zum Höllatanz!"

„Herrje, bischt du a dommer Teufel,
ka'scht et amol da Charleston?
En deiner Höll' geits ohne Zweifel
koi Geig' und au koi Saxophon!

Und wenn d' et tanza ka'scht, du Bachel,
no gohscht glei mit en's Separee,
do geit's Berliner aus der Kachel
und Sekt und Küß und au no meh'."

Wia zärtlich weret jetzt dia Weiber —
rechts kommt a-n Arm und lenks a-n Arm;
Champagner hilft als Zeitvertreiber —
dem Teufel wird's ganz höllisch warm.

Futsch ischt der nagelnui Zilender,
und 's Fueteral ischt ruiniert —
do ischt au weiter nex d'rhenter,
des hot koin Menscha mai scheniert.

D'Musik, dui macht en Sauspektakel
mit ihre Marterinstrument,
der Teufel brommt: „I werd a Dackel,
's ischt haichste Zeit, daß i verschwend."

Er ka jetzt au nex mai vertraga
und moit, 'r fahr schau Karussell,
und rompla tuets em en sei'm Maga —
o saperlot, jetzt goht's voll schnell.

Er fürcht, dui Sach könnt tragisch enda,
drom torklet'r halt naus zum Saal,
läßt bloß en Schwefelg'stank d'rhenta —
des ischt sei letschter Karneval.

Jetzt lacht'r, daß sich d'Bälka bieget,
d'Graußmueter hot en Juhschroi tau —
„Hei, was mir gau für Zualauf krieget,
mir müeßet d'Höll vergrößera lau."

A Fund

D'r Hans kommt von d'r Behne ra —
„du Weib, dir mueß e ebbes sa':
du woischt, daß i — fenf Johr isch gau —
mei Tascha-n-uhr verlaura hau.
Jetzt stier e uf d'r Behne grad
em ausranschierta Sonntigsstaat,
do kommt m'r au a Wescht en d'Händ —
was glaubscht, was i em Täschle fend?"
„Dei Uhr, noch so ra langa Frischt?!"
„Noi, 's Loch, durch des se nausg'rutscht ischt."

D'r Hasabrota — oder — Gottlieb's Rache

D'r Gottlieb hot a Hasazucht
wia koiner so'scht em Flecka,
drom läßt 'r sich au hie und da
en Hasabrota schmecka.

Belgische Riesa hot 'r zwoi —
dia Kerle, dia send grota!
D'r Hengst, der ischt schau kugelrond,
der wird am Christtag brota.

Doch acht Tag vorher ischt bei Nacht
der belgische Ries' verschwonda;
d'r Gottlieb suecht und spioniert —
d'r Has' wird nemme g'fonda.

Zum Schada hot 'r obadrei'
da Spott von de Kamrada,
und am Silvester hent en dia
zum Hasa-n-essa g'lada.

D'r Gottlieb kommt, hot gar nex g'schwätzt,
bloß krampfhaft g'mampft und bissa,
hot äll sei Wuet mit abeg'schluckt,
doch 's hot en schier verrissa.

Om d'Fasnet rom läd er d'Bagasch
zu sich zum Hasa-n-essa —
Herr, wia dia Kerle g'wicklet hent,
's letscht Bröckele wird gessa.

D'r Gottlieb ißt et mit am Tisch,
er tuet da Wirt markiera —
zum Nochtisch tuet 'r seine Gäscht
en Katzakopf serviera.

„Jetzt wißt 'r wia a Dachhas schmeckt —
gerscht hot 'r no miauet —
i wünsch, daß er uich guet bekomm,
und daß ihr 'n g'sond verdauet!"

's Adölfle und 's Ottole raufet

's Adölfle kommt vom Raufa hoim,
verrissa und verschonda,
am A'zug hot m'r nemme g'seah,
was oba ischt und onta.

„Du Lausbua", hot sei Mueter g'schempft,
„wart, dir vertreib i's Raufa —
wenn deine Hieb hoscht, mueß d'r glei
en nuia A'zug kaufa."

„Gelt, hau me et, guck schnell do naus,
do siehscht 's Ottole laufa,
narr, deam sei Mama derf sich glei
en nuia Buaba kaufa."

D' Hitzvakanz

D'r Franzel gautscht am Gartator —
em Nochber kommt des g'schpässig vor,
er frogt: „Hoscht denn koi Schuel heut, Franz?"
„Noi", sait der, „mir hent Hitzvakanz."
„Was, Hitzvakanz em Januar?
Dui G'schicht, dui ischt mir et ganz klar."
„Des ischt halt au a b'sondera Gnad —
d'r Lehrer, der hot vierzig Grad."

Worom d'r Michel koin Kamm hot

Lehrer:	Michel, kommscht grad aus em Bett?
	Kerle, morom kämmscht de et?
Michel:	Weil e halt koin Kamm et hau,
	mueß e d'Borschta hanga lau.
Lehrer:	Morom hoscht koin Kamm, morom?
	Schwätz, und lach' m'r et so domm!
Michel:	Weil e, weil e sicher wüßt,
	daß e me no kämme müßt.

A feiner Dubak

D'r Schueschter guckt ganz wüetig drei'
und haut wia Narr uf d'Stiefel nei —
sei Pfeif, dui will heut gar et ziah,
und stenka tuet se wia no nia.
„Du Alta", schreit'r, „do schmeck nei,
verhext mueß grad der Kloba sei."

„Jo", sait se, „i hau's au schau denkt,
wia g'schpässig heut dei Dubak stenkt,
a Rauch ziagt en der Stuba rom,
wia vom a Krematoriom."

Sei Fräulein Tochter schmunzlet bloß;
wia Dracha fährt'r uf se los:
„Hoscht du mein Dubak mir versaut?
Des ischt a ganz erbärmlich's Kraut."

„O Vatter, du hoscht gar koin G'schmack,
großartig ischt der Rauchtabak,
und riacha tuet'r tadellos
ja vorher hot'r g'stonka bloß,
drom hau-n-i dir dei Kraut stibitzt
und Kölnisch Wasser drüber g'spritzt."

A schwera Enttäuschong

Wenn m'r de Leut a Freud will macha,
passieret oft de dümmschte Sacha,
sei'm Lehrer hot schau vor zwoi Wocha
d'r Friederle a Ga's versprocha;
der Ma', der schluckt jez ällaweil leer,
seufzt: wenn dui Ga's doch brota wär!
Er hält's vor G'luschta nemme aus
und rueft amol da Frieder raus.
„So", sait 'r, „zairschta putzscht dei Nas',
no saischt m'r, was isch mit der Ga's?"
„Do wird nex draus", sait druf d'r Frieder,
„dui Ga's kriegscht et, se frißt jetzt wieder."

D'r Fueßweag

A Fueßweagle goht durch em Michel sei Wies
schau gern hundert Johr, des woiß m'r ganz g'wiß.
D'r Michel, der Rammel, hot zmol protestiert:
„Jetzt send'r lang gnueg durch mei Boomwies marschiert,
der Fueßweg mueß weg, koi Mensch derf mai rei,
i wir' doch no Herr en mei'm Oigatom sei!"
Jetzt goht's an a Schimpfa – d'r Schultes mueß naus,
der kennt sich em Recht halt selber et aus,
und schließlich legt sich no's Oberamt drei',
se schreibet: „Des mueß doch zum Rausbrenga sei,
jetzt froget amol de zwoi älteste Leut,
wia lang 's durch die Wies schau a Fueßweagle geit."
D'r Schultes, der schreibt an sei Oberamt z'rück:
mir kommet et weiter mit der Politik,
weil mir de zwoi älteste Leut nemme hent,
indem se vor drei Wocha g'storba send.

's Mulle als Lebensretter

Uh! Uh! 's Käuzle schreit,
's ischt zum Sterba nemme weit.
D'Ahna leit em Bett so krank,
d'Katz schloft uf d'r Ofabank.
Oh, der Ahna wird's so bang —
„Mulle, 's dauret nemme lang;
hairscht dean Totavogelschroi?
Mulle, ach, bald bischt alloi!"
's Mulle putzt sich d'Auge aus,
macht en Satz zum Feaschter naus,
schleicht zum Birabäumle nom,
dreht em Kauz da Kraga rom.
Sonderbar, seit dera Stond
ischt dui Ahna wieder g'sond.

Aus em Tierreich

Vom Tierreich hot's d'r Lehrer heut —
des intressiert dia kleine Leut —
er schwätzt von Tierla grauß und klei'
und frogt au so d'rzwischa nei:
„Wer weiß aus der Naturgeschicht',
ein Tier, das auf dem Bauche kriecht?"
D'r Mäxle streckt da Fenger scho',
er lacht verschmitzt und sait: „Der Floh."

Wia a woichherziger Bauer seine Katza laus worda ischt

„Katza foil, Katza foil!
Wer will jonge Kätzla, wer?
Omaso'scht gib i se her –
i biet uich dia Tierla a,
weil e's et versäufa ka.
Älle sechs send frisch und g'sond,
säuberlich und kugelrond –
guck des herzig Katzapack,
wia des wuslet en mei'm Sack,
saget doch, ihr liebe Leut,
ob's no ebbes Netter's geit."

„Bauer, mach doch koine Flausa,
d'Städtler, dia tent selber mausa –
dia müeßt jo da Mausdreck spalta,
könnet dia a Katz verhalta?
Für dia Viechla isch doch 's bescht,
wenn's en Necker hopfa läscht."

„Noi, das wär doch grad a Send,
ebbes anders mach e g'schwend –
Kätzla, send a Weile still,
wenn i uich versetza will!

's tuet m'r loid, doch 's mueß halt sei,
en dui Wirtschaft trag ech nei,
d'Wirte ischt a gueta Frau,
Abfäll geits do henna au.
Jetzt no schnell — koi Mensch hot's g'seah —
's wird a Überraschong gea.
's keit me bloß mei schöner Sack,
doch versorgt ischt's Katzapack."

Zum Dachlada naus

I hau en de Wolka a wonderschö's Haus,
do guck i profitlich zum Dachlada naus.
Do spick i verstohla durch manches Kame',
sieh Weisheit und Narrheit — au Bosheit — herrje!
I sieh mei Besitztum — descht gar et so klei' —
gern zeah Morga Schatta am Wald na send mei'.
D'Sonn scheint m'r am Morga direkt en mei' Nescht
und spennt m'r om's Herz rom a goldena Wescht.
D'r Mond ischt mei' Duzfreund, der leiht m'r sein Staat
en herrlicha Mantel von Silberbrokat.
Diamanta, dia fend e em Feld so wia so —
beim Mammon ben i an d'r airschta Millio'.
Uf Banka und Geldschränk ischt oft koi Verlaß —
i hau meine Schätz en d'r Ei'bildongskass'.
Em Hirnkaschta hau-n i a Menagerie,
und pfeif i, no tanzet dia Viecher für mi.
Em Herz mei' Orcheschter spielt was i grad will,
bald langsam, bald schneller, bald laut und bald still.
Jetzt send ihr natürlich recht neidig uf mi,
weil koiner von uich halt so reich ischt wia i.
I hau en de Wolka a feschttäglichs Haus,
drom hänk i mein Fahna zum Dachlada naus.

Neujohrs-Epistel
Vom Feldsteußer-Gottlieb z'Häslach ausbruetet
für sein Freund, da Bohnaviertel-Karle

Jetzt ischt des Jährle wieder rom,
und wia isch ganga? Grad und kromm –
a Johr ischt lang, d'r Weag ischt steil,
und neamer sait: „Verschnauf a Weil!"

Ganz still schlupfts naus zum Weltator –
bloß d'Narra machet en Rumor
mit Pulver und mit Firlefanz –
mir Alte machet halt Bilanz:
zwoi alte Feger send m'r jetzt,
hent d'Wanderschuah schau arg verwetzt,
send gstolperet über mancha Stoi,
au iabott abegrutscht da Roi,
hent oimal glacht und oimol gschempft,
mit onsre Dracha wacker kämpft –
hots no a Donnderwetter gea,
ischt d'Atmosphäre gsäubert gwea.

Hot onser Gstell et funktioniert,
hent mir mit Trollinger d'Achsa gschmiert –
gelt Karl, do lauft d'r Karra guet –
wenn au dei Kätter bremsa tuet!

Jetzt hoißts: en 's Nuie nübersurra,
gohts über Löcher, über Burra,

dein Weg muescht gau, wenn d' no so brommscht —
guck, daß d' et onter d'Räder kommscht!
Bleib stets der Kerle, der du bischt,
erhaba über jeden Mischt!
Schau über Kleinigkeita weg
und kritisier et älla Dreck!
Begegnet dir a Glück, halts fescht,
weils nemme kommt, wenns fahra läscht.

Tua nex verhudla — mit d'r Zeit
kommscht au an 's Ziel, wia andere Leut —
de Jonge kascht heut nemme fanga —
lent mir d'rweaga d'Flügel hanga?
Noi, des geits et, mei lieber Freund!
Solang am Tag no d'Sonna scheint,
solang oi Sternle glitzt bei Nacht,
solang wird fei et Pleite g'macht!
Solang mir Moscht em Keller hent,
solang no onser Pfeifle brennt,
solang no 's Herz oin Schnapper tuet,
hent mir Humor und Lebensmuet.
Jetzt schenkscht d'r glei a Gläsle ei
und tonkscht a Anisbrötle nei,
lachscht au dei' Kätter zärtlich a
und schlupfscht recht liebreich an se na,
sparscht et mit em Haushaltongsgeld —
no hoscht da Hemmel uf d'r Welt!
Was i d'r sag, ischt gwiß und wohr —
jetzt, alter Freund — a guets nuis Johr!

Alterserscheinunga

Säuerliche Betrachtunga, von d'r Paulena
nabruttlet an d'Kätter

Ach Kätter, 's ischt a Lomperei —
mir lauft oft d'Galla über —
hoscht gar koin Wert mai uf d'r Welt,
wenn d'sechzga bischt und drüber.

Daß d' au amol jong gwea bischt und schö'
läßt heut koi Mensch mai gelta —
zum alta Eise' zählscht jetz halt
und hoscht fei nex mai z'melda.

Siehsch ja, mei Gottlieb und dei Karl
send grad so alte Schlengel —
dia spüret bei de Viertela
nex von de oigne Mängel.

Lang leaba möcht jo jeder Mensch,
doch alt will koiner werda —
ach, 's Alter brengt oim mit d'r Zeit
so ällerhand Beschwerda.

M'r hairt et guet, m'r gsieht et guet,
's Gedächtnis will oim schwenda,
's Zahwerk ischt meischtens von Porzla,
bis uf oin Stompa henta.

D'r Maga macht oim viel Verdruß,
der ischt z'faul zum Verdaua,
uf d'Leber ischt au koi Verlaß,
und 's Wasser tuet sich staua.

D'r Darm, der streikt au hie und da
und will et funktioniera —
wenn deam et pfondweis Pilla geischt,
kascht nemme exischtiera.

Em Wenter tuet d'r Reismateis
en älle Knocha zwicka —
bischt et guet zuadeckt bei d'r Nacht,
no hueschtescht zum Versticka.

Au mit de Haxa kriegscht Malär —
's ischt gar koi Vorwärtskomma —
und früher hoscht doch d'Stiega nauf
vier Tritt uf oimol gnomma.

Pressierscht amol, no fliegscht en Dreck
mit deine steife Knocha —
muescht frauh sei', wenn d' bloß 's Knuei verrenkscht
und hoscht koin Haxa brocha.

D'r Wadakrampf macht oin schalu,
d'Krampfoder sticht und gloschtet,
's Schmalz ischt vertrocknet en de G'lenk,
drom send d' Scharnier verroschtet.

Mir derfet weaga d'r Figur
nia ganz da Honger stilla,
sonscht dent no onsre Gegaständ
noch schlanke Tailla schilla.

A Woch lang ben i en d'r Fruah
raus zur Morgagymnaschtik —
koi Gramm ischt bei der Schenderei
weggschmolza von d'r Plaschtik.

Wia hot de früher 's Schaffa gfreut,
jetz mueß m'r de a'schucka,
d'rweil kriegscht no da Hexaschuß
und kascht de nemme bucka.

Wenn d' em a Dokter ebbes klagscht,
der wird de bloß auslacha —
„Des send Alterserscheinunga,
do ka m'r nex mai macha."

Gelt, wia sich d'Mannsleut schonet, wenn
dia sechzga send und drüber!
Klemmt dia em Bauch a falsche Luft,
no hent se Angscht, 's gang „nüber".

Bei deane stockt au ällerhand,
verkalkt ischt schier a jeder,
und etlich Strichla onter Null
ischt meischtens 's Thermometer.

Narr, onsre Männer ischt schau lang
d'r Übermuet verganga,
und wenn d'r Knochapeter wenkt,
no lent se d'Flügel hanga.

Ons kriegt der et, mir kämpfet fescht
mit onsere Beschwerda —
's rentiert sich, Kätter, guck, 's ischt doch
saumäßig schö' uf Erda.

Ischt onser Schö'heit au verblaßt
und ällerhand verschossa —
em Herza send mir ewig jong
und lachet — grad zum Possa!

Stuegert

Koi Wonder isch, daß älle Leut so guet en Stuegert gfällt —
denn so schö, wia mei Stuegert, geits koi Stadt mai
 en d'r Welt —
en lauter Bloamagärta leits verzaubert, sell ischt gwiß —
zur Früehlengszeit, do moint m'r grad, m'r sei em
 Paradies.

Do ischt 's ganz Tal oi Blüetameer, erfüllt mit Duft
 und Glanz,
und von d'r Höh mit frischem Hauch grüeßt rengs sei'
 Wälderkranz.
D'Kastania stecket Kerza auf en reicher, stolzer Pracht,
und d'Amsla jubilieret dren, daß 's Herz em Leib oim lacht.

D'r Kuckuck schreit em Bopserwald, am Hasaberg d'r Spatz,
und uf d'r Feuerberger Heid, do pfeift d'r Fenk seim
 Schatz.
Am Schloßplatz spielt a Blechmusik — au d' Jugend
 stemmt mit ei' —
's ischt älles voller Harmonie em hella Sonnaschei'.

Und guckt m'r d'Stadt von enna a — dui glitzt, wia
 frisch poliert —
ja, Ordnung fend m'r überall — se ischt halt guet regiert —
was i euch no verrota will: Am Kriegsberg wächst a Wei',
wer von deam trenkt, bleibt ewig jong, möcht bloß en
 Stuegert sei'.

Wia hents dia Spatza so schö'!

Wia hents dia Zigeuner, dia Spatza, so schö'!
Se brauchet koi Fibel und koi ABC.

Se brauchet koi Bildong und au koi Kultur —
was dia produzieret, ischt älles Natur.

Se babblet von klei' auf ihr oigena Sproch —
koi Schulmoischter macht en des Kauderwelsch noch.

Se brauchet koi Fliegerschuel und koin Motor
und machet beim Fliega koi bißle Rumor.

Se boxet et zema und brechet nex a,
verlieret koin Flügel und haglet et ra.

D'r Spatz suecht a Spätze und heirat em Lenz,
des goht ohne Standesamt, ohne Lizenz.

Wia ischt no des Pärle so selig und froh! —
Sui braucht ehm et z'kochet, er frißt sei' Zuig roh.

Se brauchet koin Schneider, send nobel und fei'
em nämlicha Kittel johraus und johrei'.

Se leidet koin Honger, se stehlet ihrn Schmaus
und wohnet omsonscht em a gstohlena Haus.

Will er schwitisiera, no macht sui en Krach,
und brengt 'r koi Fueter, no kriegt 'r uf's Dach.

Sui bruttlet: „Du bleibscht jetzt gefälligscht zu Haus!
I leg meine Oier, und du bruetesch aus!"

Vier Oier, vier Kender — 's koscht koin Pfennig Geld —
dia Jonge, dia brenget ihr Häs mit uf d'Welt.

Koi Kendbett, koi Wendel — m'r neschtet em Stroh,
und noch a paar Wocha fliegt d'Jugend d'rvo.

Wia hots doch der Spatz und sei' Spätze so schö'!
I wollt, i wär selber a Spätzle — juhe!

I tät uich was pfeifa aus luftiger Höh',
und ließ ebbes falla — wia wär des so schö'!

D'Erschaffong von de Schwoba

D'Erschaffong von de Schwoba
hot schau da Herrgott gschlaucht,
er hot für ihre Dickköpf
en bsondra Model braucht.

Er geit en gsonde Boiner,
au guete Wanderschuah,
und brommt: „Ihr Zappler hent doch
em Paradies koi Ruah!

Verstoßet uire Hörner
und stieflet naus en d'Welt!
I woiß doch, daß do drussa
uich bloß a Weile gfällt.

Ihr kommet älle wieder –
's Hoimwaih wird nia vergau –
drom hau-n e 's henter Türle
a bißle offa glau."

Mei Schwobaland ischt 's Paradies

Mei Hoimetland, mei Schwobaland
ischt en d'r ganza Welt bekannt —
sei' Lob klengt über Berg und Tal,
denn Schwoba fend m'r überal.

Dia stieflet über Stock und Stoi,
riskieret oftmals Hals und Boi —
se schauklet über 's weite Meer,
als ob des bloß a Drecklach wär.

Und send se am ersehnta Ziel,
no hent se oft a gspässigs Gfühl —
was hent dia domme Zipfel dau?
Narr, 's Herz em Schwobaländle glau.

Ob oiner am Äquator schwitzt,
am Nordpol uf d'r Erdachs' sitzt —
em Urwald und am Südseestrand
träumt er halt von seim Schwobaland,

von Berg und Täler wonderschö',
von Schwarzwald, Alb und Bodasee,
von Schwobamädla, lieb und traut,
von Spätzla und von Sauerkraut,

von Äpfelbluescht und Fliederduft,
von Lerchajubel en d'r Luft,
von Zwiebelkuecha, mürb und fei',
vom räsa Moscht und Neckerwei'.

Fescht druckt 'r d'Auga zua und lauscht,
ob et d'r Wald, a Kornfeld rauscht —
er seufzt — denn saga ka-n'r 's koim:
„No oimol, oimol möcht e hoim!"

Hoim möcht e en mei Schwobaland —
zua deam send taused Fäda gspannt —
weil mir's halt selt am beschta gfällt —
so schö isch nergets uf d'r Welt.

D'Gelehrte hent a Streiterei,
mo 's Paradies zum Suecha sei —
d'r Schwob, der lacht: „Sell woiß i gwiß,
mei Schwobaland ischt 's Paradies."

Zwoi Bueba — zwoi Schreier

Zwoi Brüederle hot d'Inge kriegt,
dia könnet nex wia schreia —
bei Tag und Nacht koi Ruah em Haus —
des ka 's en et verzeiha.

Doch wenn se brav send, heidanei,
sends liebe, nette Männdla.
„Du Mama", hot des Mädle gfrogt,
„wer brengt denn äll dia Kendla?"

„Vom Hemmel brengets d'Engela
und dents en 's Bettle lega —
zu jedem Kendle schickt au glei
d'r liebe Gott sein Sega."

„Soll des vielleicht der Sega sei',
des Gschroi an oiner Leier?
Em Hemmel hot m'r jedenfalls
gnueg ghet an deane Schreier.

Do hot doch gwiß bei so ma Gschroi
au neamer schlofa könna,
und älles gschempft: „Du lieber Gott,
schaff doch a Ruah do henna."

Der hot no sicher deane zwoi
en 's Maul en Zapfa gschoba
und gsait: „Dent schnell dia Schreier na,
no geits a Ruah do hoba."

D'r Feagsandma und d'r Lärm

„Was hoscht denn Ma, om Gotteswilla?
Du siehscht vor Zorn ja gelb und grea!"
„Halt 's Maul! Hairscht et mein Waga grilla?
's hätt z'Stuegert schier a O'glück gea.

Bewiesa hot m'r heut d'r Büttel,
mei Fuhrwerk sei a Lärmobjekt,
's häb uf d'r Prag duß em a Spittel
a Dutzed alte Weibla gweckt.

I derf au nemme ‚Feagsand' schreia
und nemme knälla — so a Schand!
I möcht en's grad an Grend na keia,
mei Kübele mit samt em Sand."

„O Ma, hair no da Schultes schempfa,
der ischt beim Antilärmverei',
will au bei ons da Lärm bekämpfa,
der soll für d'Menscha schädlich sei'.

Paß auf! jetz kommt'r grad do henta,
halt jo dei Maul und guck et nom!
Tua schnell em Spitzer d'Schnauz zuabenda,
em Gockel drehscht da Kraga rom!

Ka so a Schultes au begreifa,
daß d'Sau en Sauspektakel macht?
Soll i mei Mulle gau versäufa,
weils 's Schulza Kater schreit bei Nacht?"

„Noi, d'Weibergoscha mueß m'r dämpfa —
do stemm i glei em Schultes zua —
dean Lärm, dean mueß m'r zairscht bekämpfa,
no krieget m'r em Flecka Ruah!"

Alte Bekannte

En Ludwigsburg em Ochsa
hockt ganz alloi a Ma —
verleaga setzt a Fremder
an gleicha Tisch sich na.

Der bstellt a Bier, no glotzt 'r
konstant zum Nochber nom —
a Viertelstündle dauret's,
no wirds em andra z'domm.

Er brommt: „Herrgott! was glotzet
Sia mi so saudomm a?
Des hairt jetz auf, sonscht hau en
a paar an d'Löffel na!"

„Ach", sait der Ma, „i bsenn mir
a Loch en mein Verstand –
dui Warz uf Ihrem Zenka,
dui ischt mir so bekannt.

Mir hent ons gwiß schau troffa –
dui Welt ischt ja so klei' –
doch mo, des woiß e nemme,
vielleicht fällts Ehne ei'."

D'r ander sait: „Sia hau-n i
schau uf em Aschperg gseah –
selt be-n e nämlich früher
Zuchthausaufseher gwea."

Dia guete Kartoffelknödel

Wia schö wärs en de Flitterwocha,
müßt d'Frau et äll Tag z'Mittag kocha!
D'Frau Gretel brücht sich zwor et z'bsenna,
hätt äll Tag s' gleiche kocha könna,
ihr Schatz ischt nämlich bloß vergnüegt,
wenn er a Platt vol Spätzla kriegt.

„Ei, dronter nei", denkt sich d'Frau Gretel,
„koch i amol Kartoffelknödel."
Em Kochbuech hot se 's rausstudiert
und druf zeah Kugla fabriziert,
uf's Brettle gsetzt mit Eleganz –
d'r Jagdhond wedlet mit em Schwanz.

D'Frau guckt jetzt naus noch ihrem Ma' –
d'r Hektor fangt mit veschpera a,
frißt älle Knödel bis uf drei,
moit, daß des gnueg für d'Herrschaft sei.
D'Frau Gretel kommt schier aus sich naus –
drei Knödel stellt se na zum Schmaus;
d'r Ma schwätzt nex, 'r würgt und schluckt,
hot zwoi so Kugla nonter druckt.

D'Frau heult: „Guck, i ka nex d'rfür,
daß i drei Knödel bloß servier,
zeah hau-n e gmacht zum Mittagessa,
d'r Hektor hot m'r sieba gfressa –
i ka's deam Lompa et verzeiha –
dent mi dia guete Knödel keia!"
D'r Ma brommt: „Gott sei Dank! Mi et –
wenn der no älle gfressa hätt!"

A Pechvogel

A kleiner Bua kommt von d'r Schuel,
pflatscht heulend nei en Sorgastuehl,
d'r Ranza en a Eck neifliegt —
d'Großmueter frogt: „Hoscht Abfäll kriegt?"
„Noi", heult des Büeble, „laß me gau,
mo i a sottigs O'glück hau!"
„A O'glück! Hoscht dei Hos' verrissa?
Hot de am End a Wauwau bissa?"
„O Ahna, hoscht au du a Gschwätz!
Des wär doch älles gar et lätz —
uf Erda, hot d'r Lehrer gsait,
gäbs 1500 Milliona Leut —
soviel geits Menscha, denk d'r no,
und i, i sei d'r demmscht d'rvo!"

A Heldatat

D'Bueba, dia Frechdächs, dent 's Eis schau probiera —
's ischt dünn — do mueß ja a O'glück passiera.
Wahrhaftig — 's ka ja et anderscht sei' —
en Kracher tuets, und d'r Karle bricht ei'!
Ach Gott, wia des Männdle zwazlet und schreit!
Und drussa am Ufer, do jammeret d'Leut.

D'r Hannesle, guck, der woiß, wia m'r's macht,
rutscht nom uf em Bauch, wenns a bißle au kracht,
no packt 'r dean Kerle und ziagt und ziagt,
und hot en au richtig uf's Trockene kriegt.

Dia Leut schreiet: „Bravo!" se freuet sich arg.
A Herr kommt glei her, schenkt em Hannes a Mark.
Er sait: „Des ischt wirklich a Heldatat!
Der ander ischt sicher dei beschter Kamrad?"
„Des et grad", sait druf der kleine Ma,
„aber 'r hot meine nuie Schlittschuah a."

Radiomusik

D'r Willi ischt beir Tanta heut —
des ischt koi args Vergnüega —
m'r derf koi bißle luschtig sei',
sonscht ka m'r Prügel kriega.

Dui Tanta sitzt am Radio
und horcht uf älle Sender —
dui narret Radiomusik
ischt doch koi Sach für d'Kender.

D'r Willi bettlet: „Tanta, gelt,
tua mir oin Wonsch erfülla,
stell gschwend dei' Kischt uf Afrika
und laß en Löwa brülla!"

Se merkets

„Was glotzet mi dia Küah so a?
Dia machet baise Böppel na!"
„Des kommt bloß von deim rota Huet,
der brengt des Rendviech so en d'Wuet."
„Ja moinscht, dia Viecher merkets gau,
daß i vier Johr dean Deckel hau?"

En d'r Sommerfrische

A Städtler schickt sei' Frau uf's Land,
denn d'Nerva send recht überspannt.
Er sait liebreich: „Erhol de guet,
trenk recht viel Milch, woisch, dui geit Bluet,
doch jo koi Bier und au koin Wei',
und laß m'r des Pussiera sei' —
dui Schmuserei ischt nex für di,
denn d'Seitasprüng send bloß für mi!"

D'Frau Emma nemmt sich schwer en acht,
daß se nex domms em Flecka macht,
bloß wenn dui Frau a Kuah erblickt,
kommt se glei mit 'r en Konflikt,
weil halt amol et jederma
sich mit em Viech befreunda ka.

Amol stelzt se en Flecka nei',
do saut a Mockel hentadrei' —
der Emma goht d'r Schnaufer aus,
se rennt wia Narr en's nächschte Haus,
do saust se nei, schlächt d'Haustür zua —
„Entschuldiget Se, 's kommt a Kuah!"

Stoffwechsel

A Haustyrann schreit an sei' Ehefrau na:
„En ganz nuia Fahna hoscht schau wieder a!
Grad jetz, wo m'r spara und ei'toila sott –
mach no so weiter, no send m'r bankrott!"

Sei' Fraule guckt en vorwurfsvoll a –
„Dir fehlts an d'r Bildong, mei lieber Ma!
D'r Dokter hot gerscht en seim Vortrag gsait,
Stoffwechsel sei Lebensnotwendigkeit."

Des liabe Geld

D'r Müller schempft an Maier na:
„I sag d'r, i ben übel dra,
mei Alta macht me narret schier,
äll Tag verlangt se Geld von mir."

D'r Maier guckt da Müller a –
wia no d'r Mensch so domm sei' ka!
Er frogt: „Om älles en d'r Welt,
was macht dui mit deam viela Geld?"

„Woiß i's?" Jetzt lacht der Tropf vergnügt –
„se hot no nia ois von m'r kriegt."

A schlechter Ersatz

A nobels Auto überfährt
d'r Müllere ihrn Peter —
dui Frau verführt em Augablick
a fürchterlichs Gezeter.

Der Fahrer stoppt sein Waga glei —
er ka so Viecher schätza —
und sait zur Frau: „I will en gern
Ihr Katzaviech ersetza."

Dui faucht: „Gelt, send Se m'r no still
mit Ihre domme Flausa!
Ersetza wöllet Sia mei Katz?
Ja, könnet Sia denn mausa?"

A schwera Aufgab — d'r Karle brengts raus

D'r Lehrer geit a Aufgab heut,
do werdet d'Bueba schier et gscheit —
er sait: „Dui ischt doch entressant,
verlangt au gar et viel Verstand."

Zwoi Herra fahret mit de Wäga
sich zwischa Stuegert und Ulm entgega,
em Stuegerter sei' Opel saust
durch 's Neckertal, daß schier oim graust,
d'r ander rast au wia d'r Schender
vor Ulm naus mit seim Zwölfzilender.
Mit 100 km fährt d'r Opel,
mit 120 d'r ander Boppel —
jetz rechnets aus und saget gschwend,
mo sich dia boide troffa hent —
dui Strecke kennt doch jederma,
auf, strenget uire Dickköpf a!

Dia Bueba müeßet lang sich bsenna,
do sott m'r Geographie au könna —
d'r Karle, der brengts zairschta raus,
schreit: „z' Göppenga em Krankahaus!"

Denta oder Sprit

Uf älles, was verbota ischt,
hent d'Kender Appetit –
d'r Karle sauft em O'verstand
a Schoppaglas voll Sprit.

's stoht et lang a, no hot der Bua
a Dentaglas vertwischt,
er nemmts an's Maul und dudlet dra,
bis nex mai drenna ischt.

Sei' Maga, der ischt auspicht gwea –
Erbguet vom Vater her –
doch moint m'r, daß en 's Karles Hirn
a Mangel blieba wär.

Verblieba ischt a Riesadurscht,
a Fresserappetit –
jetzt woiß m'r et, kommt's von d'r Denta,
oder kommts vom Sprit.

Dei' Bua — mei' Bua — onser Bua!

Em Chrischtian hots em airschta Johr
et en d'r Schuel behagt —
d'r Lehrer hot dean faula Strick
beim Vater drom verklagt.

Der schreit wia Narr an d'Mueter na
und macht a Fauscht d'rzua:
„Do bischt ja du bloß schuldig dra,
et zoga ischt dei Bua!"

Er hot em Büeble 's Fell verklopft —
des ischt von Nutza gwea —
d'r Lehrer hot em zwoita Johr
schau bessre Nota gea.

Der Bua, der schafft, und d'Mueter lacht —
jetz kriegt se doch ihr Ruah —
d'r Vater brommt, a bißle stolz:
„Er macht sich, onser Bua."

Ob 's Vaters Klopfpeitsch, oder ob
d'r Datzastecka ziegt?
Des Büeble hot em dritta Johr
a prima Zeugnis kriegt.

D'r Alt, der strahlt wia Stallatern,
brengt 's Maul schier nemme zua —
„Guck, was des für a Kerle ischt,
der Chrischtian, mei Bua!"

Uf d'r Wohnongsueche

A Ma rennt d'Stiega auf und a,
tuet für sich ane fluecha:
„A Donnderwetter schlag drei' nei',
en so a Wohnongssuecha!"

Do soll m'r an a elends Loch
sein halba Zahltag rücka,
soll selber tapeziera lau
und d'Stubaböda flicka!

No frogt au no der Haustyrann:
„Sia hent doch koine Kender?
Dia Gramba machet bloß Radau
und rutschet na am Gländer.

Koi Hond derf rei' und au koi Katz,
des mueß e ausbedenga,
se derfet au koi Radio
und jo koin Vogel brenga."

„Ja", sait der Ma, „Sia brauchet Ruah,
des ka-n i guet begreifa –
drei Kender hau-n i allerdengs –
dia ka m'r jo versäufa.

D'Angorakatz, dui schlächt m'r z'taut,
meim Vogel ka-n i wehra,
und's Radio haut m'r an d'Wand –
no wird Sia nex mai störa.

Doch halt! Mei Federhalter kratzt,
au mueß e manchmol niesa –
a sotter Menschafreund wia Sia
läßt sich sein Mieter gießa."

's Gretele woiß sich z'helfet

„Papa, Papa, guck, a Sug!"
„Gretele, m'r sait doch: Zug –
woisch, du muescht au mit d'r Zeit
sprecha wia de große Leut."

„Also, wia hoißts? Sag m'r's gschwend!"
Bloß a Weile bsennt sich 's Kend,
guckt da Papa schelmisch a,
sait korrekt druf: „Eisebah'!"

D'Feschthos

A Bräutigam, 's ischt gwiß und wohr,
vertröschtet d'Braut schau sieba Johr.
Dia zwoi send jetz a stattlichs Paar,
se standet heut am Traualtar.

Sui seufzt: „Jetz ischt 'r endlich mei,
für mi kommt jetz d'r Sonnaschei'!"
Er schwitzt und denkt: „'s ischt doch a Schand,
wia mi dui saudomm Feschthos spannt!"

Se spannt em Schritt und au em Knia –
der Bräutigam hot Angscht und wia –
mo 's platzt, bedeutets a Malär –
wenn no der Pfarr schau fertig wär!

Er hot sich kaum zum Schnaufa traut –
beim Kniea, horch, geits doch en Laut –
platzt d'Feschthos, oder kracht d'r Schuah?
D'Rockflügel deckets gnädig zua.

D'Braut hot a bißle sich scheniert,
wia se da Schada repariert,
„Ach", seufzt se, „i hau gar koi Freud
an so ra hoikla Handarbeit."

Drom, Bräutigam, nemm di en acht,
daß an d'r Hochzich nex verkracht,
tritt en da heiliga Ehestand,
solang dei Feschthos no et spannt!

Vom schlechta Wasser

D'r Michel sitzt em Sorgastuehl,
hot d'Haxa dick verbonda –
der Ma, der wird vom Podagra
schau gottsallmächtig gschonda.

„Zum Donnder", sait sei' Gvatterma,
„en sotte schlechte Zeita
kriegt doch d'r Mensch koi Podagra –
moher hoscht denn des Leida?"

D'r Michel brommt: „Vom Wasser kommts,
des siehscht doch an meim Zenka!"
D'r ander sait: „Di hau-n e doch
no nia seah Wasser trenka."

„Des isch jo grad, des mueß e jetz
an meine Haxa büeßa –
weil 's Wasser so miserabel ischt,
hau-n i Wei' trenka müessa."

An d'r Fasnet

Bueba, Mädla, tanzet, sprenget!
Musikanta, spielet auf!
Geiga senget, Schella klenget!
Älle Narra kommet z'Hauf!

Aus de Trucha, aus de Käschta
Firlefanz und Flitter raus!
Greane Röck und raute Weschta –
klopfet woidle d'Schaba naus!

Weibla, Ma'la, lupfet d'Boiner!
D'Arbet an da Nagel ghängt!
Trüebsal blosa derf heut koiner,
wenn d'r Hanswurscht 's Szepter schwengt.

Dent em Stompfsenn oina bacha,
und da Griesgram sperret ei'!
D'Weisheit soll heut Pleite macha –
heut derf älles narret sei'!

Gloschtet bloß no d'Herzensflamma,
bloset nomol nei en d'Gluet!
Älles bricht von selber zamma,
wenn's amol da Schnapper tuet!

A Siebamonetkendle

Em Holzmacherhäusle, do kommt 's achte Kend,
deam hot au glei d'Hebamm a Kerzle a'zend.

Se macht a ma Kreuzstock a Flügele auf –
„Flieg, Seelele, husch, zu de Engela nauf!"

's ischt airscht sieba Monet, des Gschöpfle, des klei'
a bissele schnappts no – glei schlofts gau voll' ei'.

A Siebamonetkendle mit zwoiahalb Pfond –
jetz saget doch selber – ischt des vielleicht gsond?

D'r Flügel ischt offa, und 's Lichtle verbrennt,
doch ällaweil wills no et sterba, des Kend.

Sei' Mueter em Bett hot a bissele glacht –
„Mo siebena esset, do esset au acht.

Ganz gwiß geit d'r Herrgott sein Sega d'rzua –
des Zwergele ischt doch a herziger Bua."

's ischt Zeit, daß des Würmle, des arm, ebbes kriegt,
m'r geit em a Schöpple, und richtig, des ziegt.

Acht Kender, acht Fresser – des ka m'r verstau –
doch 's acht hot d'r Hebamm da Gfalla et dau.

Vom Bueba seim Sterba hot neamer mai gschwätzt,
der grotet – m'r hot halt dui Rass' onterschätzt.

Bald kocht em sei' Mueter en habhafta Brei,
und noch a paar Monet, do ißt'r für drei.

Heut ka-n'r sich seah lau, ischt monter und gsond –
er wiegt jetz en Zentner und fenfaneu'zg Pfond.

D'r verwandelte Stern

I suech en d'r Nähe, i suech en d'r Fern,
a Wirtshäusle suech e, em Schild hots en Stern.

Do stoht wohl a Wirtshaus, des ischt mir bekannt,
doch sieh-n e verwondert a Kreuz an d'r Wand.

Doch schaut m'r bloß ussa, no täuscht m'r sich halt –
's Haus ischt nui verputzt, doch d'r Wirt ischt d'r alt.

I trenk ganz bedächtig mei Wei'gläsle aus
und frog: „Worum hent Sia koin Stern mai am Haus?"

„Mei Stern ischt versonka, sei' Schicksal erfüllt –
seit e gheiratet hau, führ e 's Kreuz en meim Schild."

95

D'r Paul hot da Fahrkoller

D'r Paule will als Büeble mit Gwalt a Radelrutsch
und fährt wia et recht bacha mit seiner Teufelskutsch,
er rennt a alte Frau om, fliegt uf en Pflaschterstoi —
am Radelrutsch bricht d'Deichsel, und er bricht 's Nasaboi.

D'r Paule kauft sich später a Rädle mit Motor
und saust d'rmit durch d'Weltgeschicht, wia Kugel aus
    em Rohr,
saust en da Stroßagraba — des tuet en arga Pflompf —
d'r Fueß ischt aus em Senkel — des merkt m'r glei
    am Strompf.

Druf kauft 'r sich a Auto — des ischt schau lang sei' Traum —
drei Wäga boxet zema, da Paul hauts an en Baum.
Der Ma ischt arg verschonda, 'r seufzt, daß Gott erbarm —
m'r siehts au glei am Ärmel — 's stemmt ebbes et am Arm.

's Auto kommt en 's alt Eise, d'r Paul en Gipsverband —
jetz träumt 'r gar vom Fliega em hella O'verstand.
Zum Fahra ischt 'r z'dappig, zum Fliegalerna z'alt,
und 's Geld ischt au beim Teufel — ach Gott, jetz
    lauft'r halt.

A gemüetlichs Heim

D'r Schultes brengt en Gascht en 's Haus,
do siehts grad „urgemüetlich" aus —
d'r Hausrot ischt aus Rand und Band,
sechs Besa lehnet an d'r Wand.
D'r Stubaboda ischt überschwemmt,
d'r Bubikopf ischt no et kämmt.
Koi Vorhang hemmt da Blick uf d' Gass' —
d'Frau Schultheiß wird vor Schrecka blaß —
se nemmt ihrn Gegastand uf d'Seit
und schempft: „Du bischt jo et recht gscheit!
En Gascht brengscht du, grad wenn e putz,
des tuescht natürlich mir zum Trutz!"
Er sait: „O Alta, sei doch still!
Descht bloß, weil der heirata will —
der Zipfel bild sich nämlich ei',
no werd er wia em Hemmel sei'.
Gemüetlichkeit und Harmonie
erwartet der, drom zoig em's i,
d' „Gemüetlichkeit" em oigna Heim —
glaubsch, der goht nemme uf da Leim?"

Zwoi Prozeßhansa werdet kuriert

D'r Bauer und d'r Müller, dia hent seit langer Zeit
bloß om en magera Acker en arga baisa Streit.
Wer Recht hot, mueß m'r wissa und en Prozeß verstau,
drom mueß natürlich jeder sein Advokata hau.
D'r Bauer nemmt da Mayer, denkt: descht d'r richtig Ma
d'r Müller mit seim Levy moint, er sei besser dra.

Beir Grichtsverhandlong brüllet sich d' Advokata a –
d'r Müller hofft uf 's Gwenna und au d'r Bauersma.
Zmol wird d'Verhandlong gschlossa, und no koi Resulta
d'r Bauer rasslet hoimwärts, d'r Müller goht en's „Rad".
Er druckt a Knackwurscht nonter und trenkt en Schoppa
    Bier –
heut wills em gar et schmecka, d'r Zorn verreißt en schie

Em Nebazemmer sitzet zwoi Herra fescht beim Wei' –
zwoi schöne brotene Göckel serviert d'Bedienong nei'.
„Prosit! a feiner Tropfa, der weckt des faule Bluet!
Ja, so a fetts Prozeßle, des tuet oim wieder guet."
D'Tür bleibt a Weile offa, d'r Müller schillet nei' –
„Jetz do schlag doch beim Donnder a lahmer Esel drei'!
Ei'gspannt!" Auf sitzt d'r Müller, fährt naus zum Städtle
    gschwend –
„So", sait 'r zu seim Gegner, „der Schwendel hot a End –
mir send de graischte Sempel uf dera Gotteswelt,
mir mäschtet dia zwoi Juda mit onsrem schöna Geld.

Dia fressat brotene Göckel und saufet teure Wei' —
mir esset saura Milch und brocket Schwarzbrot nei'!
Dia füllet sich da Beutel, bei ons gohts henta hot,
und 's End vom Lied ischt schließlich bei boide
    d'r Bankrott.
Goht Haus und Hof zum Teufel, d'r Jud macht sich nex
    draus —
jetzt toilet mir dean Acker, und d'r Prozeß ischt aus."

A schö's Alter

A Herr frogt da Schueschter, wia alt daß 'r sei,
„Ach Gott", sait der traurig, „schau siebezg v'rbei."
Der Herr brommt verwondert: „Was wöllet denn Sia?
Descht doch a schö's Alter — viel Leut kriegets nia!"

„Was, descht a schö's Alter? Jetz do gucket na!
Wia oiner au so saudomm rausschwätza ka!
Von zwanzga bis dreißga — i wills Ehne sa' —
des ischt a schö's Alter — 's mei ischt da Bach na!"

Drüber nüber

Em Gärtle blüht d'r Fliederbaum,
zwoi Äugla wenket rüber.
A Mauer ischt koi Henderniß,
em Mondschei' steigt m'r nüber.

Em Gärtle blüht d'r Rosastock —
em Bua lauft 's Herzle über,
und ebs d'r Sturm verzausa ka,
holt er sei' Rösle rüber.

Em Gärtle pflanzt m'r Peterleng,
's geit Kraut und Hagabutza —
vergessa ischt d'r Fliederbaum,
und d'Rosa tuet m'r stutza.

's Gärtle und d' Mauer send verschneit —
's Rösle ischt traurig drüber —
er sait: „Sei froh, daß d' hüba bischt,
jetzt käm i nemme nüber.

D'r Großmueter ihr Wentersport

Der Wenter ischt a grober Wicht,
i ka en gar et leida —
und doch hent d' Leut a sotta Gschicht
mit ihre „Wenterfreuda"!

Schneits, was vom Hemmel ronter ka,
no tuet glei d' Jugend spenna —
d' Mädla sogar hent Hosa a
und dent mit Brettla renna.

Gohts überzwerch dia Bückel ra,
do dent sich dia et gräma —
bricht 's Brettle oder 's Füeßle a,
no leimt m'r's wieder zema.

I sitz an Ofa na und strick,
do überfährt mi koiner —
bei deam Sport hot m'r ällaweil Glück,
riskiert au koine Boiner.

A prächtigs Paar Leut

D'r Hans und sei' Kätter send a prächtigs Paar Leut,
d'r Hannes ischt narret und sui et recht gscheit.
D'r Hans hot en Buckel und d'Kätter en Kropf –
's hot jedes sein oigena Vogel em Kopf.
D'r Ma, der hot Plattfüeß, und kromme hot sui,
ehn stichts weiter oba, und sui en de Knui.
D'r Hannes ischt gwampet, sui dürr, wia-n a Gois –
ischt sui am Verfriera, no isch ehm no z'hoiß.
Ziegt er hott am Karra, no ziegt d'Kätter hischt,
er kommt mit d'r Grobheit und sui mit d'r Lischt.
D'r Hannes löscht fleißig sein chronischa Durscht –
wenn d'Kätter a Geld hätt, no möcht se a Wurscht.
Der Fetz will en Brota – 's Weib kocht em a Mues,
zum Nochtisch serviert 's em da schwäbischa Grueß.
Hoißt sui ehn en Ochsa, schempft er sui a Kuah,
schmeißt er mit em Stiefel, keit sui mit em Schuah.
Johraus und johrei' nemmet d'Händel koi End,
und 's Weib, o Mirakel, kriegt äll Johr a Kend.
Was des für en Nochwuchs, en prächtiga geit?
De oi Hälfte narret, de ander et gscheit!

Ironie

A-n alter Dieb hot em a Gschäft
a-n Uhr mitlaufa lau.
Er hots natürlich glei verkitscht –
drei Tag druf schnappt m'r'n schau.

Zwoi Jährla hot 'r naufplätzt kriegt –
er brommt: „O Ironie!
A Schei ischt en d'r Uhr dren gwea:
,Zwei Jahre Garantie'.“

D'r gfährlich Alkohol

D'r Büttel schellt em Flecka aus
en Vortrag em Gemeindehaus,
m'r ladet älle Bürger ei'.
Ganz omasonscht derf älles nei'.
A fremder Herr will d'Leut belehra,
Gsondheit und Wohlstand zu vermehra.

Am Obed hockt a netta Zahl
von Manna em Gemeindesaal,
de oine schlucket ällaweil leer
und maulet, 's gang so trocka her,
de andere dent debattiera,
was heut wohl gäb zum Profitiera.
Se hueschtet, schneuzet, d'Dus goht rom,
zmol steigt a Herr uf 's Podiom,
und älles horcht jetz mäuslesstill,
wia der da Wohlstand heba will.

Kotz Donnder, nemmt der 's Maul glei vol
und läschteret da Alkohol:
„D'r Teufel sitzt en so ma Saft
und raubt em Volk sei' beschte Kraft.
D'r Alkohol frißt Hab und Guet,
versaut, verkalkt, vergiftet 's Bluet.

104

D'r Mensch versemplet vor d'r Zeit,
weils en seim Hirn en Kurzschluß geit.
Sei' Longa schätteret, 's ischt a Graus,
und d'Milz, dui sieht wia Putzlomp aus.
Sei' Maga streikt, und en seim Darm,
do schwemmt a Gschmois, daß Gott erbarm.
D' Drüesa dent nemme funktioniere,
und sauber he send äll boid Niera,
sei' Herz und au sei' Leber gschwillt —
ischt des no Gottes Ebenbild?"

A paar drehts schier da Maga om,
d'r Hansjörg brommt zum Frieder nom:
„Pfui Teufel, descht a Sauerei!
Do wirds oim jo ganz schlecht d'rbei.
Dean Ekel mueß m'r nonterschwenka
und glei en Kirschagoischt druf trenka,
a Krüegle Moscht no hentadrei',
des richt da Maga wieder ei'.
Des send doch lauter Gottesgaba,
do sollet mir ons et dra laba?
Und schaffa sollet mir, herrje,
mit Wasser und mit Malzkaffee?
Narr, onser Moscht tuet ons koi Laus,
mir schaffet 's Gift au wieder naus —
bei deam Getränk isch ons sauwohl,
drom bleibet mir beim Alkohol."

Früehleng isch!

Raus zum Loch, ihr Siebaschläfer
packet uire Grilla ei'!
Hairet doch, wia d'Vögel senget –
Früehleng isch, kotz heidanei!

D'Mäusla lueget aus de Löcher,
d'Schnoka fanget z'geiga a,
aus seim Neschtle schlupft d'r Igel,
weil 'r nemme schlofa ka.

D'Kender spielet Rengelreiha,
d'Böckla hopfet uf d'r Wies,
mit d'r Minka schmust d'r Peter,
und d'r Hans küßt d'Annalies.

Jong' und alte Menschaherza
tauet auf em Sonnaschei' –
reißet woidle älle Lucka
auf und lent da Früehleng rei'!

D'Warnongstafel

A Radler guckt verwondert
a Warnongstafel a –
was stoht do? „Achtung, Vorsicht!"
Er frogt en Bauersma:

„Was ka denn do passiera?
I sieh koi Kurv, koin Baum,
und et amol a Graba
scheniert am Stroßasaum."

Der Bauer seufzt beklomma:
„Des will i Ehne sa' –
do hot em letschta Sommer
d'r Blitz en Ma verschla'."

Abschiedsschmerz

's Mädle heult da ganza Tag,
's Herz ischt zentnerschwer —
ach, ihr lieber, gueter Schatz
ischt gerscht fort uf 's Meer.

D'Mueter zankt: „Du domma Ga's,
laß dei Heula sei'!
Über 's Johr kommt doch dei Schatz,
und no ghairt 'r dei'."

„Mueterle, du kascht mein Schmerz
freile et verstau —
i heul, weil e über's Johr
längscht en andra hau."

D'Chrischtkendles-Uhra

D'Großmueter hot schau em Advent
da Franzel gfrogt: „Du, sag m'r gschwend,
was macht d'r wohl am meischta Freud?"
„A Armbanduhr", hot 's Büeble gsait.

D'r Pate brommt: „Narr, saga muescht,
was Dir zum Chrischtkend wenscha tuescht –
jetz hoscht no Zeit und Glegaheit."
„A Armbanduhr", hot 's Büeble gsait.

Au d'Patin brommlet: „Franz, i bitt,
sag du no selber, was du wit,
denn wenns et recht wär, tät mirs leid."
„A Armbanduhr", hot 's Büeble gsait.

D'r Onkel Kurt, a Junggesell,
schreit: „Kerle, sag m'r uf d'r Stell
was d' wit – no koi Verlegaheit!"
„A Armbanduhr", hot 's Büeble gsait.

Am Chrischttag lieget – 's ischt koi Traum –
vier Armbanduhra ontrem Baum,
von Silber, Nickel und von Blech –
dui Mueter seufzt: „Ischt des a Pech!"

D'r Franzel hot en Juhschroi dau:
„Gottlob, daß i gnueg Uhra hau —
mit deane werd i fertig no
bis zu d'r Konfirmatio'!"

D'Muetersproch

D'r Bua frogt da Vater: „Gelt, sag m'r doch,
Morom hoißts bloß Mueter-, nia Vatersproch?"

D'r Vater brommt: „Kerle, frog et so domm!
Wirscht später selber merka, morom!"

„I hau's schau lang gmerkt, du lieber Gott,
weil d'r Vater halt nex zum saga hot!"

Hoimettraum ade!

En 's Dörfle zieg i wieder ei'
noch viele, viele Johr —
ach Gott, soll des mei' Hoimet sei'?
schier moin e 's sei et wohr.

Ja, glaubets no, 's ischt schau aso —
descht et mei alta Gmoi'd —
a fremda Generatio'
macht sich em Flecka broit.

Scheel gucket d'Leut mi a, als käm
i aus em Kafferland,
als ob en i ihr Brot wegnähm —
und koiner geit m'r d'Hand.

Zu de Rei'gschmeckte ghair i jetz,
m'r guckt me stolz drom a,
und was e tua, und was e schwätz
bekrittlet jederma.

M'r schmeißt mir Prügel en da Weag
bei jeder Gleagaheit,
versperrt mir boshaft jeda Steag,
mißgönnt mir jeda Freud.

So herzlos send d'Leut und so kalt —
des halt i nemme aus!
Se treibet me mit äller Gwalt
wieder en d'Fremde naus.

D'r Bach rauscht wia en alter Zeit,
i hair en Tag und Nacht,
„Wit doch so gscheit sei", murmelt 'r,
„hoscht so a Dommheit gmacht!"

D'r Kirchturm kriegt da letschta Grueß —
's tuet doch a bißle weh,
wenn m'r em Alter wandra mueß —
jetz, Hoimettraum ade!

Magscht Moscht?

Wia freut m'r sich zur Früehlengszeit,
wenns von de Obschtbäum Blüeta schneit!
D'r Bauer oft am Obed kommt:
„Wenn no heut Nacht koi Reifa kommt!"

Und wenns em Sommer blitzt und kracht,
Herr, wia-n'r do a Gsicht namacht!
Er faltet d'Händ an so ma Tag –
„Behüet ons Gott vor Wetterschlag!"

Und hanget d'Bäum em Herbscht recht vol,
wia isch do jedem Baura wohl!
A Sega isch ja und a Pracht,
daß oim grad 's Herz em Leib dren lacht.

Jetz werdet d'Moschtereia g'richt,
d'Moschtfässer ausgschwenkt und verpicht,
und wenns no an a Moschta goht,
lauft d'r Betrieb von fruah bis spot.

Paß auf, schütt et zviel Wasser nei'!
No kriegscht a Möschtle, grad wia Wei'!
Herr, wia d'r der em Wenter schmeckt,
wia der dia Lebensgeischter weckt!

113

Em Sommer airscht, o saperment!
Wia der do d'Gurgel nonterrennt!
A gueter Moscht ischt 's ganze Johr
a Labsal — sell ischt gwiß und wohr.

Spätzla

Wer mi noch meiner Leibspeis frogt,
kotz Blitz, deam sag i 's glei,
daß mir am ällerliebschta halt
a Platt vol Spätzla sei.

Dia Spätzla, fei mit Butter gschmälzt,
dia lachet oin grad a —
a rechter Schwob nemmt bloß a Frau,
dia Spätzla macha ka.

Erdbeer und Pfirsich

Mädle, mach 's Lädle, mach 's Fensterle zua!
's wartet em Garta a glüschtiger Bua –
sieht der dia Bäckla, wia Pfirsich so fei',
's Göschle wia Erdbeer, no beißt 'r drei' nei'.

Büeble, guck, Sauerampfer wachset am Zau',
schlotz dra, no werdet dir d'Glüschta vergau!
Onta am Bach stoht a Holzapfelbaum,
beiß en oin nei, no verwachscht von deim Traum!

D'Erdbeer und Pfirsich, woischt Büeble, dia send
no net so reif, daß m'r neibeißa könnt.
Wenn 's no so weit ischt, goht 's Fensterle auf –
's wartet, wenn's Zeit ischt, no mai Bueba drauf.

Zwölf send a Dutzed

Zwölf send a Dutzed, und zwoi send a Paar —
Bueba geits gnueg, aber d' Freier send rar.
's Mädle möcht heirata — d' Trucha send leer —
er freit a reicha, des ischt a Malär.

Zwölf send a Dutzed, und ois kriegt m'r drei' —
tuescht dir halt wieder en neua Schatz ei'!
Küß, solang d' küssa kascht, heisa juhe!
Solang m'r jong ischt, ischt 's Leba so schö.

Zwölf send a Dutzed, und oin kriegscht d'rzua,
der ischt d'r blieba, a kreuzbraver Bua —
hoscht dir da dreizehnta gfanga mit Lischt —
der hot koina kriegt, weils a Leimsieder ischt.

Sommernacht

Mädle wach auf! Jetz ischt Rosazeit,
kascht wieder schlofa, wenns friert und schneit –
komm, tua koi Lichtle a'zenda!
Guck doch, d'r Hemmel ischt vola Stern,
d'Leuchtkäfer flieget, brauchscht koi Latern –
dei Göschle werd i schau fenda!

Schlupf endlich raus aus deim Schneckahaus!
Schätzle, i breng d'r en Rosastrauß,
komm, nemm en lieb en dei Händle!
I ben bescheida – für jeda Ros
will i dei zuckerigs Göschle bloß
küssa a klei's Viertelstendle.

Ei du mei herzigs Mädle sei gscheit!
Früehleng und Jugend und Sommerzeit
mueß m'r zur Liebe benutza.
Jugend und Rosa verzaust d'r Wend –
was m'r em Herbscht von boide no fend?
Runzlige Hagabutza!

117

Von was em Chrischtian sei' Appetit kommt

„Sag, Chrischtian, om was de bitt,
moher hoscht du dean Appetit?
Vier Pärla Knackwürscht hoscht verdruckt
und sieba Schoppa Bier verschluckt,
a Loible Brot von etlich Pfond —
du frischt ja schau dreiviertel Stond!
Hoscht denn en Bandwurm, saperment?
Hoscht acht Tag nex mai kriegt am End?
Hoscht gar vielleicht am Neubau gschafft?
Gelt, do verbraucht m'r zemlich Kraft."

„Gschwätz domms! Dui Sach ischt anderscht gwea
da Gottlieb hau-n e schaffa seah —
der hot am Neubau Speis nauftra',
zwanzgmol ischt der's G'rüscht auf und a,
gschafft hot 'r so a Stonda vier
und gschwitzt und gschnaufet, sag i dir,
er hot vor Durscht schier d'Zong raushängt —
des hot mi gottsallmächtig kränkt —
Herr, wia oin des Zuagucka schlaucht!
I hau drom au a Stärkong braucht.

Ischt schau 's Zuagucka herb — o mei —
wia schwer mueß airscht des Schaffa sei'!
Narr, d'Gäul sogar verrecket dra —
drom fang i 's lieber nemme a."

118

D'r Herr Professer tuet d'Kender en 's Bett

D'r Herr Professer Dentastift
tuet Mathematik lehra,
om sei' Familie d'rhoim
tuet er sich gar et schera.

Do hockt 'r halt en seiner Stub,
studiert en seine Schonka,
und wenn d'Frau ebbes von em will,
no ischt 'r ganz versonka.

Wia Bomb platzt d'Frau en sei' Problem –
se will heut en 's Theater –
"Versetz dei Mathematik heut
und spiel amol da Vater!

Tua d'Kender en ra Stond en 's Bett –
oimol wirscht des au könna –
gelt, zieg au älle richtig aus,
und laß fei 's Licht et brenna."

"Was, i als Akademiker,
soll d'Kendsmagd no markiera?
Na, bis i dia em Nescht dren hau,
ka ällerhand passiera."

Mo d'Frau noch Haus kommt, frogt se glei:
„No Schatz, wia ischt d'r's ganga?"
„O", sait'r, „tua fei so a Gschäft
nia mai von mir verlanga!

De kleine hent sich ausziah lau
und send en 's Bettle gspronga,
d'r groß Bua hot sich elend gwehrt –
i hau dean Dickkopf zwonga."

D'Frau denkt: „Des ischt doch sonderbar!"
guckt nei en's Kenderzemmer –
verstreut send Kloider, Strempf und Schuah,
Bauklötz und Spielzeugtremmer.

Beim Kleinschta leit a Gschwelle dren,
wia Elefantakitzle –
se lacht: „O Ma, jetz glaub e 's wohl,
des ischt ja's Nochbers Fritzle."

D'r Nachtwandler außer Dienscht

's klei' Büeble macht de airschte Schritt —
a Johr isch alt, des Kendle —
sei' Mama hot a Riesafreud
an ihrem stramma Männdle.

Se rennt en d'Stadt und tuet em glei
a Pärle Stiefel kaufa,
sait froh zum Papa, wia-n'r kommt:
„Denk, onser Bua ka laufa."

„So, descht m'r recht", sait der ganz kalt,
„no kascht mi dischpensiera,
jetz ka der ja bei Nacht alloi
d'Stub auf und ab marschiera."

Dei' Hälfte — mei' Hälfte

Wird m'r am Tag hondsrackermüed,
möcht m'r em Nachts gern grueba —
a Mueter kriegt heut gar koi Ruah
vor ihrem kleina Bueba.

Zwoi Stond lang brüllt 'r schau, der Tropf —
se trächt en rom em Zemmer
und gautscht en — älles ischt für d' Katz —
des Gschroi wird ällaweil schlemmer.

D'r Vater schnarcht da Baß d'rzua,
weit stoht sei Schublad offa.
Deam Weib ischt von der Nachtmusik
jetz d'Galla übergloffa.

Se bufft dean Schnarcher nei' en d'Ripp,
schempft: „Hairscht dei' Lompamänndle?
Der Bua ghairt doch au halba dir,
jetz gautscht en du a Stendle!"

Der Ma, der brommt: „I schaff bei Tag,
bei Nacht will i nex haira —
gautsch du dei' Hälfte weaga mir
und laß mei' Hälfte blaira."

Inhalt

Im Verlag Karl Knödler sind u. a. noch erschienen:

Rosemarie Bauer/Doris Oswald	Do lieg i ond träum
Fred Boger	Aus em Ländle
M. Bosch/J. Haidle	Schwäbische Sprichwörter und Redensarten
Fritz Joachim Brückl	Peterle vo dr Pfaffaschtub
Franz Georg Brustgi	A rechter Schwob wird nie ganz zahm
	Heiteres Schwabenbrevier
	Kleines Schwäbisches Wörterbuch
	Lichter spiegeln im Fluß
	Uf Schwäbisch gsait
	Schnurren um Franz Napoleon
	So send se, dia Schwoba
	Zu sein ein Schwabe ist auch eine Gabe
Kurt Dobler	Fürs Herz ond Gmüat
Norbert Feinäugle	Kleines Reutlinger Lesebuch
Harald Fischer	No so drhärgschwädsd
Lore Fischer	Von Adam ond Eva bis zu de Schwoba
Dr. Frosch	An schimmernden Gewässern
	Reutlingen aus der Froschperspektive
	Wolkenlücken
Bruno Gern	Des laß dr gsait sei
	Sonnawirbel
Erwin Haas	Ällaweil gradraus
	Wohl bekomm's
Karl Häfner	Württemberg, oh deine Herren!
	Alte Leut
	Mier Schwobe wearnt mit vierzge gscheit
	Vom schwäbischen Dorf um die Jahrhundertwende
	Vom Vierzger a'
Georg Holzwarth	Denk dr no
Ernst Kammerer	So isch no au wieder
Karl Keller	Poetisches Hausbüchlein für Schwaben
Otto Keller	Sacha ond Sächla
	Schnitz ond Zwetschga
	's End vom Liedle
Lore Kindler	D'r Spätzlesschwob
Matthias Koch	Kohlraisle
Wilhelm König	Dees ond sell *(auch mit Schallplatte)*
	Hond ond Kadds
Kurrle/Marx-Bleil	Gell, do guckscht!
Hedwig Lohß	Aus meim Schwalbanescht
Eugen Lutz	Mei' Wortschatz

In allen Bändchen findet der Leser und Vortragskünstler humorvolle, boden-ständige und »bodagscheite« Gedichte, Witze, Anekdoten und Prosatexte zum eigenen Vergnügen und zum Vortragen in fröhlichen Kreisen.